Vente des 11, 12 et 13 Novembre 1901

HOTEL DES VENTES, 64, RUE VICTOR-HUGO

Me L. PLESSIS, Commissaire-Priseur

CATALOGUE

DE

BEAUX LIVRES

ANCIENS & MODERNES

COMPOSANT LA

Bibliothèque de M. Arthur NOËL

Membre du Comité des Beaux-Arts du Havre,
des Bibliophiles Contemporains, des Cent Bibliophiles, etc.

LIVRES ILLUSTRÉS DES XVIIIe ET XIXe SIÈCLES
PUBLICATIONS DE LUXE
NOMBREUX ET GRANDS OUVRAGES SUR LES BEAUX-ARTS
POËTES, CONTEURS ET ROMANCIERS
ANCIENS TEXTES — THÉATRE — HISTOIRE
BIBLIOGRAPHIE — ÉDITIONS ORIGINALES
COLLECTIONS HACHETTE, DIDOT, QUANTIN, LEMERRE
JOUAUST, ETC., EN GRAND PAPIER
SUITES D'EAUX-FORTES — RECUEILS DE GRAVURES
JOLIES RELIURES
BON MOBILIER DE BIBLIOTHÈQUE

LE HAVRE
Librairie Artistique
J. GONFREVILLE
7, RUE DE LA BOURSE, 7

1901

Im, al LE HAVRE (O. RANDOLET), 35, rue Fontenelle

LA VENTE AURA LIEU LES 11, 12 ET 13 NOVEMBRE 1901

à deux heures précises de l'après-midi

Hôtel des Commissaires-Priseurs, 64, rue Victor-Hugo

Par le Ministère de Me L. PLESSIS, Commissaire-Priseur

Assisté de M. J. GONFREVILLE, Libraire-Expert

Exposition Privée

LE SAMEDI 9 NOVEMBRE, de 2 heures à 4 heures 1/2

Exposition Publique

LE DIMANCHE 10 NOVEMBRE, de 2 heures à 4 h. 1/2

Et chaque Jour de Vente, de 10 heures à midi.

CONDITIONS DE LA VENTE

La vente se fait au comptant.

Les acquéreurs paieront 10 o/o en sus des enchères.

Les livres devront être collationnés sur place avant le lendemain midi de chaque jour de vente. Passé ce délai, ils ne seront repris pour aucune cause.

Le libraire chargé de la vente se réserve la faculté de réunion ou de division.

M. J. GONFREVILLE

Remplira les Commissions des Personnes qui ne pourraient assister à la vente.

Vente des 11, 12 et 13 Novembre 1901

HOTEL DES VENTES, 64, RUE VICTOR-HUGO

Me L. PLESSIS, Commissaire-Priseur

CATALOGUE

DE

BEAUX LIVRES

ANCIENS & MODERNES

COMPOSANT LA

Bibliothèque de M. Arthur NOËL

Membre du Comité des Beaux-Arts du Havre,
des Bibliophiles Contemporains, des Cent Bibliophiles, etc.

LIVRES ILLUSTRÉS DES XVIIIe ET XIXe SIÈCLES
PUBLICATIONS DE LUXE
NOMBREUX ET GRANDS OUVRAGES SUR LES BEAUX-ARTS
POËTES, CONTEURS ET ROMANCIERS
ANCIENS TEXTES — THÉATRE — HISTOIRE
BIBLIOGRAPHIE — ÉDITIONS ORIGINALES
COLLECTIONS HACHETTE, DIDOT, QUANTIN, LEMERRE
JOUAUST, ETC., EN GRAND PAPIER
SUITES D'EAUX-FORTES — RECUEILS DE GRAVURES
JOLIES RELIURES
BON MOBILIER DE BIBLIOTHÈQUE

LE HAVRE
Librairie Artistique
J. GONFREVILLE
7, RUE DE LA BOURSE, 7

1901

ORDRES DES VACATIONS

PREMIÈRE VACATION. — Lundi 11 Novembre 1901

Numéros	701 à 715
»	1 à 235

DEUXIÈME VACATION. — Mardi 12 Novembre 1901

Numéros	716 à 730
»	236 à 470

TROISIÈME VACATION. — Mercredi 13 Novembre 1901

Numéros	731 à 747
»	471 à 700

Le Mobilier de BIBLIOTHÈQUE se vendra le Mercredi, à cinq heures.

LETTRES — BEAUX-ARTS

Jamais bibliothèque n'a été plus en rapport avec les goûts sédentaires, les habitudes familiales, n'a mieux révélé le caractère de son possesseur.

Père d'une famille nombreuse, M. Arthur Noël ne voulait pas distraire même une parcelle de son temps pour des joies autres que celles du foyer. Industriel d'une grande activité, il se reposait des affaires en formant une des bibliothèques les plus importantes de notre arrondissement.

M. Arthur Noël était un fanatique du livre, fanatique avisé, possédé de l'amour de la lecture et aussi quelque peu du démon de la bibliomanie, atteint de cet affinement de l'esprit et de l'œil qui ne souffre plus que de bons et beaux textes, imprimés sur des papiers de luxe et le plus souvent enjolivés de gravures des Maîtres.

Il les aimait ces « amis qui ne trompent pas », il les chérissait et leur dût les joies délicates que ressent seul le bibliophile.

Il les choisissait avec discernement, allait du sévère au plaisant, du doux au grave, mais il les voulait élégants ou coquets, fantaisistes ou classiques, toujours beaux, les habillant dignement, parfois même avec somptuosité. Eclectique, il admettait aux honneurs de ses rayons aussi bien les « eaux-fortes trois états » que les productions originales et d'une éclatante fantaisie.

S'il y a peu de livres anciens dans cette bibliothèque, on y trouve, par contre, une quantité respectable de nos plus beaux ouvrages modernes.

Nous nous permettons, cette fois-ci, d'insister discrètement sur le degré d'intérêt offert par quelques ouvrages, sans pourtant songer à imposer nos préférences, certain que les gens de goût sauront bien trouver sans nous les bonnes occasions et en profiter.

Nous disons un mot en passant de cette merveilleuse *Basilique de Saint-Marc*, chef-d'œuvre d'une patiente reconstitution; du *Molière* avec les suites de nos meilleurs aqua-fortistes : de la collection complète des « Bibliophiles Contemporains » et des « Cent Bibliophiles », de laquelle émergent, brillants météores, les *Contes choisis de Maupassant* et les *Fleurs du mal de Beaudelaire*, et nous signalons : l'*Almanach royal*, les beaux ouvrages normands, le *Manuel de Brunet*, les *Chants et Chansons populaires*, le *Sahara et Sahel*, de Fromentin, exemplaire d'artiste, la *Gazette des Beaux-Arts*, les *Œuvres de Victor-Hugo*, l'*Imitation de Jésus-Christ*, le *Catalogue d'Otto Lorenz*, les *Maîtres de l'Art*, le *Musset* en papier du japon, le *Costume historique de Racinet*, la *Relation du voyage de Louis XV au Havre*, les *Cent-et-un Robert Macaire*, les *Saints-Evangiles de Bida*, en grand papier, la *Société des Anciens Textes*, les *Sociétés de Gravure Normande, Française et Internationale*, le *Voltaire* avec ses innombrables portraits.

Cette brève énumération n'est donc qu'une preuve de notre sollicitude pour des amis bien connus, auxquels nous souhaitons d'être recueillis avec tout l'intérêt et le respect qu'ils méritent.

L'abondance des genres nous autorisait à adopter les divisions classiques, nous avons préféré un ordre alphabétique par noms d'auteurs, qui permet des recherches plus aisées et apporte un peu d'imprévu à la lecture laborieuse du catalogue.

L'absence de formules laudatives signifie que tous les volumes sont en parfait état.

J. G.

CATALOGUE

DE LA

BIBLIOTHÈQUE

DE

M. ARTHUR NOËL

---

1. ABOUT (Edm.). Le Roman d'un brave homme. Edition illustrée de 52 compositions par Ad. Marie. *Paris, Hachette*, 1882. En 20 fasc. grand in 8, dans leurs couvert. *1er tirage.*

2. ABOUT (Edmond). Le nez d'un notaire. *Paris, Calmann, Lévy*, 1886. Petit in 8, br., non rog., couv. impr.

Edition Conquet avec 1 front. et une suite d'eaux-fortes hors texte.

3. ACADÉMIE DES BEAUX LIVRES. L'Octave de la Société des Bibliophiles contemporains. *Athènes, chez Alexandros Koulos, Imprimeur de Périclès, 100 cul de sac du Luc (près l'Acropole)*, 1000 800 8014. 16 pp. in 4, à la machine à écrire, titre et couvert. dessinés et gravés par Ajax Agathos.

Violente épigramme dirigée contre Octave Uzanne et les productions de la Société, imprimée à 160 ex. seulement (*n° 113, M. Arthur Noël*).

4. ADELINE (Jules). Rouen qui s'en va. 20 eaux-fortes, précédées d'une notice illustrée. *Rouen, Augé*, 1876. In 4, dos et coins maroq. rouge, tête dor., non rog., monté sur onglets.

Papier vergé n° 26, avec les eaux-fortes tirées sur chine et avant la lettre.

5. ADELINE (J.). Voyage de La Bouille par mer et par terre. Nouvelle historique. Avec introduction et 12 eaux-fortes par Jules Adeline. *Rouen, Augé*, 1877. Petit in 4, dos et coins maroq. bleu, tête dor., non rog., dos orné. *(Smeers).*

Exempl. en papier de hollande n° 67, texte encadré.

6. **ADELINE** (J.). **LE MUSÉE D'ANTIQUITÉS** et le musée Céramique de Rouen. 30 eaux-fortes avec texte et frontispice. *Rouen, Augé*, 1882. En 14 fasc. in folio, dans leurs couvert.

Grand papier de hollande (n° X) avec double état des eaux-fortes : sur chine et sur blanc avant la lettre.

7. **ADELINE** (Jules). **LE CORTÈGE HISTORIQUE** organisé en 1880 par le Comité des fêtes de Rouen. Entrée du Roy Henry II à Rouen, en 1550. 22 eaux-fortes avec texte. *Rouen, Augé*, 1880. In 4 oblong, en feuilles, dans le cart. de l'édit.

Ouvrage tiré à 170 ex. seulement (n° 151), papier de hollande.

8. **ADELINE** (Jules). **LES QUAIS DE ROUEN** autrefois et aujourd'hui. 50 eaux-fortes avec texte et légendes. *Rouen, Augé*, 1880. In folio, dos et coins maroq. grenat, tête dor., non rog. *(Smeers).*

Cet ouvrage n'a été tiré qu'à 125 ex. sur papier de hollande de Van Gelder (n° 67), avec les eaux-fortes hors texte sur vergé teinté et les plans tirés en bistre et en carmin.

9. ADELINE (Jules). Les sculptures grotesques et symboliques (Rouen et ses environs). Préface par Champfleury. 100 vignettes et texte, avec double frontisp. à l'eau-forte par J. Adeline. *Rouen, Augé, s. d.* Grand in 8, cart. dos toile, tête dor., non rog., couv. cons. ent.

Edition de luxe numérotée, avec les eaux-fortes sur japon.

10. ADELINE (J.) La farce des Quiolards, tirée d'un proverbe normand. Avec introduction et 10 eaux-fortes par Jules Adeline. *Rouen, Augé*, 1881. In 8, br., non rog., couv. impr.

Ouvrage tiré à 125 exempl. sur papier de hollande, (n° 101). avec les eaux-fortes avant la lettre. Texte encadré, envoi autographe signé de l'auteur à M. Cousin.

11. AICARD (Jean). La chanson de l'Enfant. Edition ornée de 128 compositions par T. Lobrichon avec la collaboration de Rudaux, gravées sur bois par L. Rousseau. *Paris, Chamerot,* 1884. In 4, br., non rog., couv. ill.

12. ALBUMS CHINOIS, peints et miniaturés sur papier de riz, remontés sur chine, chaque planche encadrée d'un ruban de soie bleue.

Très beaux albums peints à la main, dans leur reliure originale en soie brochée, sujets différents.

1° 2 albums in 4 de costumes, hommes, femmes, danseuses, etc., contenant chacun 20 planches.

2° 3 autres albums in 4, contenant respectivement 11, 7 et 6 planches.

3° 1 album in 8, oblong, contenant 12 planches de poissons.

13. ALBUM de la Chasse Illustrée. *Paris, F. Didot, s. d.* Grand in 4, cart. toile, fers spéc., tr. dor. *41 grandes planches gravées sur bois.*

14. ALBUM UNIVERSEL. *Paris, Boulanger, s. d.* En 42 fasc. in 4 oblong dans leurs couvertures.

Très nombreuses reproductions photographiques.

15. **ALMANACH ROYAL**, année bissextile 1772. — Calendrier de la Cour tiré des éphémérides, etc. — Etrennes mignonnes, curieuses et utiles, etc., cartes, plans et souvenir. *Paris, Divers,* 1772. Ces 3 petits vol. in 16, réunis en 1 seul relié maroq. de couleur découpés, orné de petits fers dorés, paillons argentés et groseille, *armoiries délicatement miniaturées sur les plats,* sous mica, dos orné, pet. dent. int., doublure et gardes de soie rose, tr. dor. Dans son étui maroq. rouge, dent. et ornements sur les plats.

Ravissant vol. dans une reliure originale, très fraîche, et **aux armes de Antoine-René de Voyer d'Argenson, marquis de Paulmy.**

16. ALMANACH des Dames pour l'an 1810. *A Tubingue, chez Cotta,* 1810. In 12, maroq. rouge, long grain, dos et plats ornés, tr. dor., dans son étui en maroq. rouge, avec large dent. sur les plats. (*Etiquette de Rosa, relieur*).

Exemplaire très frais, complet des 8 vignettes.

17. ALMANACH. Souvenir de Terpsichore. Recueil de contre-danses, dédié à Mme la Baronne Delage, par F. Leblond. *Paris, Giroux, s. d.* (1821). Petit in 8, oblong, cart., fers spéc., tr. dor., étui.

Volume entièrement gravé : vignettes, musique, etc.

18. ALMANACHS. Etrennes aux dames. Années 1881 à 1885 incluses. *Paris, Charavay*, 1881-85. En 5 vol. in-16, cart. en soie de diverses couleurs, non rog., dans leurs étuis.

Papier de hollande numéroté, portraits de Henry Gréville, Edm. Adam, Judith Gauthier, Alph. Daudet, G. de Peyrebrune, gravés à l'eau-forte par Régamey et Boulard, vignettes, musique, texte encadré, etc.

19. AMÉRIQUE. Etats-Unis et Canada. L'Amérique du Nord pittoresque. Ouvrage rédigé par une réunion d'écrivains américains. Traduit, revu et augmenté par B.H. Révoil. Illustré d'un nombre considérable de gravures et d'une carte des Etats-Unis. *Paris, Quantin*, 1880. Gr. in 4, dos et coins maroq. rouge, tête dor., non rog., dos orné. (*Smeers*).

20. AMÉRIQUE (L') pittoresque ou vues des terres, des lacs et des fleuves des Etats-Unis d'Amérique. Ouvrage enrichi de gravures faites sur les dessins de W. H. Bartlett, et exécutées par R. Wallis, J. Cousen, Wilmore, etc. ; la partie littéraire par N. P. Willis. *Londres, Virtue*, 1840. 2 vol. petit in 4, dos chagr., plats toile, tr. dor.

Nombreuses vues, sites, monuments, etc., gravés hors texte sur acier. Deux ou trois pages décollées.

21. ANACRÉON. Recueil de compositions dessinées par Girodet et gravées par Chatillon, avec la traduction en prose des odes de ce poète. *Paris, Chaillou-Potrelle*, 1825. In 4, dos et coins maroq. marron, tête dor., non rog.

22. ANACRÉON. Odes d'Anacréon, traduites en vers par Henry Vesseron. *Paris, Jouaust*, 1875. In 12, maroq. bleu, 3 fil. sur les plats, large dent. int., dos orné de petits fers, tr. dor. sur marb. *(Smeers)*.

23. ANCELOT. Louis IX, tragédie en cinq actes. *Paris, Huet*, 1819. In 8, maroq. rouge ant., fil. sur les plats, non rog.

Edition originale avec frontisp. sur chine volant et envoi autogr. signé de l'auteur.

24. ANDRIEUX. Suite pour les œuvres, de 1 portrait et de 4 figures de Dessenne gravées par Leroux. En feuilles. Epreuves in 8, avant la lettre.

25. ANTHOLOGIE. Anthologie des poètes français du XIXe siècle. 1762-1866. *Paris, Lemerre, s. d.* 4 vol. gr. in 8, br., non rog., couv. impr.

26. APULÉE. Les Amours de Psyché et de Cupidon. *Paris, Dubois et Marchais, s. d.* (1802, *Didot*). Suite de 32 fig. au trait, d'après les dessins de Raphaël. In folio oblong, épr. avant la lettre.

27. APULÉE. L'âne d'or ou la métamorphose. Traduction de Savalète. Préface de J. Andrieux. Avec nombreuses gravures dessinées par A. Racinet, P. Bénard. *Paris, Didot, s. d.* Gr. in 8, br., non rog., couv. ill., dos cassé. (Légères rousseurs). *1er tirage.*

28. AQUARELLISTES FRANÇAIS (Société d'). Ouvrage d'Art publié avec le concours artistique de tous les Sociétaires. Texte par les principaux critiques d'Art. *Paris, Launette et Goupil* 1883. 2 tomes en 8 parties in folio, en feuilles dans le cartonn. illust. de l'édit.

Ouvrage illustré d'une grande quantité de photogravures tirées à part et dans le texte.

29. ARETIN. Suite complète de 20 eaux-fortes pour illustrer les Ragionamenti ou Dialogues du divin Pietro Aretino, dessinées par L. Dünki, gravées par A. Prunaire. *Paris, Liseux*, 1882. En feuilles, dans le cart., tirées in 12.

30. ARIOSTE (L'). Roland furieux. Poème de l'Arioste, chants I à V. Traduction nouvelle, littérale et juxtalinéaire par A. Bonneau. *Paris Liseux*, 1879. In 12, br., non rog., couv. impr.

Papier de hollande. Vignettes et portrait.

31. ARMENGAUD (J. G. D.). Les galeries publiques de l'Europe. Rome. *Paris, Claye*, 1856. In fol., demi-chagr., pl. toile, tr. jasp.

Nombreuses reproductions sur bois.

32. ARMENGAUD (J. G. D.). Les galeries publiques de l'Europe. Italie : Gênes, Turin, Milan, Parme, etc. *Paris, Lahure*, 1862. In folio, demi chagr., tr. jasp.

Nombreuses reproductions sur bois dans et hors texte.

33. **L'ART**. Revue bi-mensuelle illustrée. De l'année 1875 (origine) à 1893 incluse. *Paris, Librairie de l'Art*, 1875-1893. Ces 19 années en 39 vol. in folio, cart. toile spéc. de l'édit., en vol. br. et en fasc. dans leurs couv.

Très nombreuses illustrations : eaux-fortes, photogravures, bois, etc., etc. Collection complète.

34. ASSELINEAU (Ch.). L'Enfer du Bibliophile, vu et décrit. *Paris, Tardieu*, 1860. In 12, cart. dos toile, genre Bradel, non rog., couv. cons. (*Tissoron.*)

35. ASSELINEAU (Ch.). Le paradis des gens de lettres, selon ce qui a été vu et entendu. *Paris, Poulet-Malassis*, 1862. In 16, dos toile, tr. jasp. *Eau-forte.*

36. ASSELINEAU (Ch.). Mélanges tirés d'une petite bibliothèque romantique. Bibliographie anecdotique et pittoresque des éditions originales des œuvres de V. Hugo, A. Dumas, etc. Illustrés d'un frontispice à l'eau-forte de C. Nanteuil, et de vers de MM. Th. de Banville et Ch. Baudelaire. *Paris, Pincebourde*, 1866. Petit in 8, dos et coins maroq. rouge, tête dor., non rog.

Un des 15 exempl. en papier chamois (n° 7) avec le frontispice en triple état, noir, bistre et sanguine.

37. ASSEMBLÉE NATIONALE. Galerie des représentants du peuple. 1848-51. *Paris, Goupil-Vibert*, 1851. In-folio, dos chagrin orné.

Recueil d'un grand nombre de portraits, tirés sur chine et lithogr. d'après Déveria, Lafosse, Gigoux, Touillon, Bazin, Maurin, etc.

On y a joint 12 grandes lithogr. coloriées, d'après Rousseau, représentant les costumes militaires du peuple et de la garde nationale en 1848.

38. D'AUBIGNÉ (Agrippa). Les tragiques. Edition nouvelle publiée d'après le manuscrit conservé parmi les papiers de l'auteur avec des additions et des notes par M. Ch. Renard. *Paris, Librairie des Bibliophiles*, 1872. In 8, dos et coins maroq. grenat, tête dor., non rog., dos orné de petits fers. (*Smeers.*)

Exempl. en papier vergé n° 92.

39. AUDSLEY (G. A.) et BOWES (J. L.). La céramique japonaise. Edition française publiée sous la direction de M. A. Racinet. Traduction de M. P. Louisy. *Paris, Didot*, 1881. Gr. in 8, carton. toile, fers spéciaux de l'éditeur, tête dor., non rog.

40 pl. en couleur et 23 pl. en autotypie et photolithog.

40. AUTRAN (J.). Œuvres complètes. Les Poëmes de la mer. La vie rurale. La flûte et le tambour. Sonnets capricieux. La lyre à sept cordes. Drames et comédies. Lettres et notes de voyage. *Paris*, *Calmann Lévy*, 1875-1878. 7 vol. in 8, dos et coins maroq. bleu, tête dor., non rog. *Bel exemplaire.*

41. **BALADES DANS PARIS.** Au Moulin de la Galette, — à l'Hôtel Drouot, — sur les quais, — au Luxembourg. Notes inédites par E. R., Paul Eudel, Gausseron et A. Retté. *Paris, Imprimé pour les Bibliophiles contemporains*, 1894. In 4, br., non rog., couv. ill.

Ouvrage tiré à 160 ex. seulement pour les membres de la Société (*n° 113, M. Arthur Noël*), et non mis dans le commerce. Illustré de 4 grandes compositions par Bertrand, gravées à l'eau-forte en 2 états : en couleurs et en noir ; cadres lithographiques polychromes composés et mis sur pierre par A. Lunois.

42. BALZAC. La Peau de chagrin. Etudes sociales. *Paris, Delloye-Lecou*, 1838. Gr. in 8, dos chag., tête dor., ébarbé.

Bel exemplaire lavé et encollé, avec le *titre au squelette.* 100 gravures par Gavarni, Baron, Janet-Lange, etc.

43. BALZAC (de). Les contes drolatiques, colligez ez abbayes de Touraine, et mis en lumière par le sieur de Balzac, pour l'esbattement des pantagruelistes et non aultres. 5me édition, illustrée de 425 dessins par **Gustave Doré**. *Paris*, 1855. Petit in 8, dos et coins maroq. rouge, tête dor., non rog., dos orné de petits fers. (Petit).

1er tirage des bois de G. Doré.

44. BALZAC (H. de). Le Colonel Chabert. *Paris*, *Calmann Lévy*, 1886. Petit in 8, br., non rog., couv. impr.

Edition Conquet, portraits et vignettes à l'eau-forte hors texte.

45. BANCROFT (George). Œuvres. Histoire des Etats-Unis depuis la découverte du continent américain. Traduite de l'anglais par Mlle Gatti de Gamond. Histoire de l'action commune de la France et de l'Amérique pour l'indépendance des Etats-Unis. Traduit et annoté par le comte A. de Circourt. — *Paris*, 1861-76. 12 vol. in 8, dos et coins de veau, tête dorée, non rog. *Portrait.*

46. **BANVILLE** (Th. de). **ODES FUNAMBULESQUES.** Avec un frontispice gravé à l'eau-forte par Bracquemont, d'après un desssin de Ch. Voillemot. *Alençon*, *Poulet-Malassis et de Broise*, 1857. In 12, br., non rog., couv. imp.

Bel exempl. de l'*édition originale*, frontispice et pl. de musique.

47. BANVILLE (Th. de). Les camées parisiens. 3 séries. *Paris*, *Pincebourde*, 1866-73. 3 vol. in 12. Les 2 premières séries, demi chagr., tête dor., non rog. (*Vailly*); et la 3me série, carton. dos toile, non rog., couv. cons. (*Lemardeley*).

Frontispice en triple état : noir, bistre et sanguine, avant la lettre.

48. BANVILLE (Th. de). Les princesses. *Paris*, *Lemerre*, 1874. In 12, dos et coins toile, non rog., dos orné, couv. cons. *Frontispice à l'eau-forte.* Edition originale.

49. BANVILLE (Th. de). La clef des trente-six ballades joyeuses de Th. de Banville, par Jules Cressonnois. *Paris*, *Lemerre*, 1880. Petit in 4, br., non rog., couv. impr.

50. BARATTE (L. H.). Poètes normands. Portraits gravés d'après les originaux par Charles Devrits. Notices bibliographiques par MM. P. F. Tissot, J. Janin, Destigny, Morlent, etc. *Paris*, *Martinon*, *s. d.* Grand in 8, dos chagr., tr. jasp. (*rousseurs*) 32 portraits.

51. BARBEY D'AUREVILLY (J.). Œuvres. Les Diaboliques, 1 vol. — Une vieille maîtresse, 2 vol. — Ce qui ne meurt pas, 2 vol. — Un prêtre marié, 2 vol. — Le Che-

valier des Touches, 1 vol. — L'Ensorcelée, 1 vol. *Paris, Lemerre*. 9 vol. in 12, dos et coins maroq. rouge, tête dor., non rog., dos orné, couv. cons. (Ch. Meunier).

Avec les suites complètes des 34 eaux-fortes, par F. Rops et Buhot, pour les Diaboliques, L'Ensorcelée, Le Chevalier des Touches et Une vieille maîtresse.

52. BARBEY D'AUREVILLY (J.). Du Dandysme et de Georges Brummell. *Paris, Lemerre*, 1879. In 12, dos et coins de maroq., tête dor., non rog., dos orné. *(Smeers)*. *Portraits à l'eau-forte avant la lettre.*

53. BARRON (Louis). Les environs de Paris. Ouvrage illustré de 500 dessins d'après nature par G. Fraipont et accompagné d'une carte en couleur. *Paris, Quantin, s. d.* In 4, dos et coins chagr. rouge, tête dor., non rog., couv. cons.

54. BASCHET (Armand). Le duc de St Simon, son cabinet et l'historique de ses manuscrits, d'après des documents authentiques, etc. *Paris, Plon*, 1874. In 8, dos et coins maroq. gros vert, tête dor., non rog., dos orné de petits fers *(Smeers)*.

Frontispice gravé à l'eau-forte, exempl. en grand papier.

55. **LA BASILIQUE DE SAINT-MARC A VENISE**, étudiée au double point de vue de l'art et de l'histoire, sous la direction du Prof. Camillo Boïto ; avec le concours littéraire et artistique des savants artistes français et italiens. *Ouvrage dirigé et édité à Venise par Ferd. Ongania*, 1878-1890. 15 portefeuilles in fol., 2 portefeuilles in plano et 5 vol. ou broch. in 4.

Luxueuse publication tirée à 500 ex. seulement et publiée à 2.500 fr. Elle contient plus de 750 magnifiques gravures : miniatures, chromolithographies, eaux-fortes, etc., etc.

L'ouvrage demanda plus de 40 années de préparation et est un des plus importants parus en librairie.

56. **BAUDELAIRE** (Ch.). Les Fleurs du Mal. Illustrations de A. Rassenfosse. *Paris, Pour les Cent Bibliophiles*, 1899. 3 parties in-4 en feuilles, dans les portefeuilles de l'édition.

Ouvrage tiré à 115 ex. seulement pour les membres de la Société *(n° 84, M. Arthur Noel)*, et non mis dans le commerce. Les eaux-fortes de Rassenfosse tirées en couleurs.

Exemplaire complet du carton pour les pièces 58 et 59, du frontispice et des 22 planches par Jouas, Lemaistre, Lacault, Van Muyden, Wagner, Jean Veber, gravées à l'eau-forte ou lithogr., constituant le premier essai d'illustrations des « Fleurs du Mal » que devait publier la Société.

57. BAUDRY (Paul). Mait' Jacq' à Rouen. Poème burlesque. (Souvenirs et impressions de voyage). *Rouen, E. Cagniard*, 1885. Petit in 4, br., non rog., couv. impr.

Tiré à 100 ex. seulement et non mis dans le commerce.

58. BAUX (J.). Histoire de l'église de Brou. *Bourg-en-Bresse, Martin-Bottier*, 1862. Gr. in 8, dos et coins chagr., tête jasp., dos orné. *Orné de chromolithog. et lithog.*

59. BEAUCOUSIN (L.-A.). Histoire de la principauté d'Yvetot. Ses rois. Ses seigneurs. *Rouen, Yvetot*, 1884. In 4, dos et coins de veau, dos orné, tête dorée, non rog.

Un des 20 exempl. sur papier vergé grand format (n° 12). Planche hors texte, blasons, fac-simile.

60. BEAUJEAN (A.). Dictionnaire de la langue française. Abrégé du dictionnaire de E. Littré. *Paris, Hachette*, 1879. Gr. in 8, dos et coins maroq. vert, tête dor., non rog. *(Smeers)*.

61. BEAUMARCHAIS. Théâtre complet. Réimpression des éditions princeps, avec les variantes des manuscrits originaux, publiés par G. d'Heylli et F. de Marescot. *Paris, Jouaust*, 1869. 4 vol. in 8, br., non rog., couv. impr. *Papier vergé, portrait.*

62. BEAUMARCHAIS. Suite complète de 1 portrait et 4 eaux-fortes, dessinés et gravés par G. Cain, pour illustrer le Barbier de Séville. *Paris, L. Conquet*, 1877. En feuilles dans le carton, marges in-4.

Un des 30 ex. en grand papier de chine, avant la lettre (n° 48).

63. BEAUMONT (E. de). Un drame dans une carafe. Dessins par Louis Leloir. *Paris, Librairie des Bibliophiles*, 1882. Plaq. petit in 4, cart. illust. de l'édit., non rog. *Tirée à 500 ex. seulement.*

64. BEATTIE (William). Les vallées vaudoises pittoresques ; ou vallées protestantes du Piémont et du Dauphiné. *Londres, Paris*, 1836-38. Complet en 18 fasc. in-4, br., non rog., couv. impr.

Très nombreuses et jolies vues sur acier tirées hors texte.

65. BENSERADE. Poésies, publiées par Oct. Uzanne. *Paris, Librairie des Bibliophiles*, 1875. In 8, maroq. vert, 3 filets sur les plats, dos orné au petit fer, large dent. int., tr. dor. sur marbr. (*Smeers.*)

Papier de hollande, avec frontisp. par Lalauze et portrait.

66. BENVENUTO CELLINI. La vie de Benvenuto Cellini, écrite par lui-même. Traduction Léopold Leclanché. Notes et index de M. Franco. Illustrée de 9 eaux-fortes par F. Laguillermie, et reproductions des œuvres du maître. *Paris, Quantin*, 1881. Gr. in 8, br., non rog.. couv. ill.

Exempl. en papier vergé.

67. BÉQUET (Etienne). Marie ou le mouchoir bleu. Notice littéraire par Adolphe Racot. 6 compositions par de Sta, gravées par Abot. *Paris, Conquet*, 1884. In 16, br., non rog., couv. impr. *Papier vélin numéroté.*

68. **BÉRANGER** (P. J. de). **ŒUVRES COMPLÈTES** : Chansons, Dernières chansons, Biographie, Musique, — Album Béranger. *Paris, Garnier*, 1875-76. En 6 vol. in-8, dos et coins de maroq. rouge, dos orné de petits fers et mosaïqué, tête dor., non rog.

Bel exempl. en *grand papier de hollande numéroté*. Les 5 vol. contiennent la suite des 77 grav., *sur chine et avant la lettre*, de A. Lemud, Charlet, Raffet, Jacque, etc. L'album contient la suite de 120 vign. par Grandville, également sur chine.

69. BÉRANGER (P. J. de). Œuvres complètes : Chansons, Dernières Chansons, Biographie, Musique. Edition ornée de 77 gravures de Lemud, Charlet, Raffet, Jacque, etc. *Paris, Perrotin*, 1851-57. En 5 vol. in-8, dos chagrin, plats toile, tr. dor., dos orné.

Le vol. de Musique contient aussi la suite des bois de J. J. Grandville.

70. BÉRARD. Essai bibliographique sur les éditions des Elzévirs les plus précieuses et les plus recherchées, précédé d'une notice sur ces imprimeurs célèbres. *Paris, F. Didot*, 1822. In 8, dos et coins maroq. rouge, tête dor., non rog., dos orné (*Lanscelin*).

71. BERGERAT (Emile). Enguerrande. Poème dramatique précédé d'une préface par Théodore de Banville, avec un portrait de l'auteur gravé à l'eau-forte par Henri Lefort et 2 compositions du statuaire Aug. Rodin. *Paris, Frinzine, Klein*, 1884. In 4, br., non rog., couv. impr.

Exemplaire en papier vélin numéroté.

72. BERTALL. La Vigne. Voyage autour des vins de France. Etude physiologique, anecdotique, historique, humoristique et même scientifique. *Paris, Plon*, 1878. In 4, br., non rog., couv. impr.

L'ouvrage est orné de plus de 400 gravures sur bois, dont près de 100 tirées hors texte.

73. BIBLIOGRAPHIE. Lot de 6 vol. in 8, dos et coins maroq., tête dor., non rog., dos orné (*Smeers*) (1 vol. dos et coins de veau). *Illustrations et portraits.*

Bernard Palissy. Œuvres complètes, avec une notice par A. France. — *J. Janin*, par A. Piedagnel. Portrait. — *Mme Chénier*. Lettres grecques. Etude par R. de Bonnières. — *E. Charavay*. A. de Vigny et Ch. Baudelaire candidats à l'Académie française. — *St Evremond*. Les Académiciens. — *M. Tourneux*. Prosper Mérimée. Ses portraits, ses dessins, sa bibliothèque.

74. BIBLIOPHILES COMTEMPORAINS. Annales littéraires et administratives, statuts, règlements, etc. *Paris, Imprimés pour les membres de l'Académie des Beaux Livres*, 1889-1894 *(5e et dernière année)*. En 8 vol. in 8, br., non rog., couv. fantaisie.

Collection complète contenant de nombreuses gravures.

75. BIBLIOPHILES CONTEMPORAINS et Cent Bibliophiles. Lot d'eaux-fortes, menus, documents, autogr., etc.

1° Eau-forte de Steinlein, tirée pour les Cent Bibliophiles. Epr. n° 59, avant la lettre.

2° 9 pièces, la plupart à l'eau-forte, par **F. Rops**, P. Avril, Courboin, etc.

3° 3 cartes de visite d'Oct. Uzanne gravées à l'eau forte, d'après Rops, etc., et une lettre autographe signée d'Oct. Uzanne.

4° 1 lot de documents, convocations, lettres, etc., imprimés.

76. BIBLIOTHÈQUE ARTISTIQUE MODERNE. Illustrations par les meilleurs artistes, gravées à l'eau forte et tirées hors texte. *Paris, Jouaust*, 1883-1888. 13 vol. in 8, br., non rog., couv. impr. *Tirés à petit nombre.*

Daudet (Alph.). Contes. 7 eaux-fortes par Burnand. 1 vol.

About (Edm.). Le roi des montagnes. 8 dessins par Delort. 1 vol.

Gautier (Th.). Le Capitaine Fracasse. 14 dessins de Ch. Delort. 3 vol.

Zola (Emile). Une page d'amour. 10 dessins d'Ed. Dantan. 2 vol.

Vigny (Alf. de). Servitude et grandeur militaires. 6 dessins de J. Leblant. 1 vol.

Lamartine. Jocelyn. 9 dessins de Besnard. 1 vol.

Lamartine. Graziella. 6 dessins de Bramtot. 1 vol.

Barbey d'Aurevilly (J.). Le Chevalier des Touches. Dessins de J. Leblant. 1 vol.

Mérimée (P.). Nouvelles. (La Mosaïque). Dessins de J. J. Arar la, de Beaumont, Bramtot, J. Le Blant, etc. 1 vol.

Nerval (G. de). Les filles du feu (Sylvie, etc.). Dessins d'Em. Adam. 1 vol.

77. BIBLIOTHÈQUE DE L'ART ET DE LA CURIOSITÉ. *Paris, Quantin*, 1878-79. En vol. grand in 8, br., non rog., couv. impr.

Bonnaffé (Edm.). Inventaire de la Duchesse de Valentinois, Charlotte d'Albret. 2 eaux-fortes par H. Valentin. *Papier de hollande.*

Lalanne (Max). Traité de la gravure à l'eau-forte. Texte et gravures.

Pons (A. J.). Les Editions illustrées de Racine. 2 portraits à l'eau-forte. *Papier de hollande.*

Robert (Karl). Traité pratique de la peinture à l'huile. Paysage. 1 eau-forte.

Robert (Karl). L'Aquarelle. Traité pratique et complet sur l'étude du paysage. Avec nombr. gravures en couleurs.

Vachon (Marius). Le palais du Conseil d'Etat et de la Cour des Comptes. 4 fac-similés et 1 eau forte. *Papier de hollande.*

78. BIBLIOTHÈQUE D'UN CURIEUX. *Paris, Lemerre*, 1876-1883. Vol. in 12, br., non rog., couv. impr. *Papier de hollande.*

Les Odes d'Olivier de Magny. Texte orig. et notice par E. Courbet. 2 vol. — Véridique histoire de la conquête de la Nouvelle-Espagne par le Capitaine Bernal Diaz del Castillo. Trad. avec notes par J. Maria de Hérédia. Tomes 1 et 2. — Jean de Léry. Histoire d'un voyage faict en la terre du Brésil. Introd. et notes par P. Gaffarel. 2 vol. — La marquise de Brinvilliers. Récit de ses derniers moments. Notes par G. Roullier. 2 vol.

79. BIBLIOTHÈQUE DES DAMES. *Paris, Jouaust*, 1882-1885. En vol. in 12, br., non rog., couv. impr. *Chaque vol. contient un frontispice gravé par Lalauze.*

Fénelon. Education des filles. Introd. par Oct. Gréard. 1 vol.
Lambert (M[ise] de). Œuvres morales. Etude par M. de Lescure. 1 vol.

Marivaux. La vie de Marianne. Notice par M. de Lescure. 3 vol.

Mme Roland. Mémoires. Préface par J. Claretie. 2 vol.
Blocqueville (M[ise] de). Perdita. 1 vol.
Romieu (Marie de). Œuvres poétiques. 1 vol.
G. Legouvé. Le mérite des femmes, avec une préface par E. Legouvé. 1 vol.

Des Houllières (Mme). Œuvres choisies, avec une préface par M. de Lescure. 1 vol.

80. BIBLIOTHÈQUE DE LUXE CALMANN LÉVY. *Paris, Calmann Lévy*, 1881-1889. En vol. petit in 8, br., non rog., couv. impr. *Papier vergé.*

Halévy (Ludovic). La famille Cardinal. 1 vol.
Pailleron (Edouard). Le théâtre chez Madame. 1 vol.
Pailleron (Edouard). Amours et haines. 1 vol.
Vogüé (Vte E. M. de). Histoires d'hiver. 1 vol.

81. BIDA (A.). Aucassin et Nicolette. Chantefable de 12e siècle, traduite par A. Bida. Révision du texte original et préface par Gaston Paris. *Paris, Hachette*, 1878. Petit in 4, dos et coins maroq. olive, tête dor., non rog., dos orné de petits fers. (*Smeers*).

Exempl. en papier whatman, n° 38, avec les eaux-fortes de Bida avant la lettre.

82. BIGOT (Ch.). Raphaël et la Farnésine. Gravures par Tiburce de Mare. *Paris, Gazette des Beaux Arts*, 1884. In folio, dos et coins maroq. bleu, tête dor., non rog.

Un des 75 ex. en grand papier whatman (n° 72), avec les planches hors texte tirées sur chine monté et avant la lettre.

83. BING (S.). Le Japon artistique. Documents d'art et d'industrie. Publication mensuelle, avec la collaboration de Ph. Burty, V. Champier, Th. Duret, Ed. de Goncourt, Louis Gonse, etc. *Paris, Bing, s. d.* Complet en 36 livr. in 4 dans leurs couvert. ill.

Très nombreuses planches en noir et en couleurs et dessins dans le texte.

84. BLAEU (Jean). Le grand atlas ou cosmographie Blavianne. *Amsterdam, Blaeu*, 1663. Grand in folio, maroq. rouge, plats et dos ornés *(reliure en mauvais état)*.

Volume sans titre, contenant l'introduction, la description de l'Europe et environ 120 grandes cartes doubles.

85. BLANADET (M.). Bibliographie de J. Morlent. *Paris et Rouen*, 1893. Grand in 8, br., non rog., couv. impr.

Un des 5 ex. en grand papier impérial du Japon (n° 3), avec le portrait en 4 états : sur chine et sur japon, avant la lettre et avec la lettre.

86. BOCCACE. Les dix journées de Jean Boccace. Traduction de Le Maçon. Notice, notes et glossaire par M. Paul Lacroix. 11 eaux-fortes par Flameng. *Paris, Librairie des Bibliophiles*, 1873. 4 vol. in 12, dos et coins chagr. rouge, tête dor., non rog., dos orné. (*Belz-Niedrée*).

87. BOILEAU (N.). Œuvres poétiques, suivies d'œuvres en prose. Notes et variantes par P. Chéron. *Paris, Jouaust*, 1876. 2 vol. in 8, br., non rog., couv. impr. *Portrait*.

Grand papier de hollande numéroté.

88. BOILEAU-DESPRÉAUX. Œuvres. Texte de 1701 avec notice, notes et variantes par Alphonse Pauly. *Paris, Lemerré*, 1875. 2 vol. in 12, dos et coins de maroq., tête dor., non rog., dos orné *(Smeers)*.

Papier de hollande, avec le portrait et la suite de 7 eaux-fortes d'après Cochin, gravées par Monziès et Courtry, avant la lettre.

89. BOISSIÈRE (P.). Dictionnaire analogique de la langue française. Répertoire complet des mots par les idées et des idées par les mots. 7e édition. *Paris, Larousse, s. d.* Gros vol. grand in 8, dos chagr., plats toile, tr. jasp.

Septième et dernière édition avec les suppléments.

90. BONNAFFÉ (Edm.). Causeries sur l'Art et la Curiosité. Frontispice par Jules Jacquemart, *Paris, Quantin*, 1878. Grand in 8, cart. toile, non rog.

91. BONNAFÉ (Edm.). Les Amateurs de l'ancienne France. Le surintendant Foucquet. *Paris, Librairie de l'Art*, 1882. In 4, cart. toile, fers spéc. or et couleurs, tête dor., non rog. *(Engel)*.

Nombreuses reproductions sur bois.

92. BONNETAIN (Paul). Le monde pittoresque et monumental. L'Extrême-Orient. Ouvrage illustré de nombreux dessins d'après nature et accompagné de 3 cartes. *Paris, Quantin, s. d.* In 4, dos et coins maroq. gros vert, tête dor., non rog., couv. cons.

93. BONVALOT (G.). Du Caucase aux Indes à travers le Pamir. Ouvrage orné de 250 dessins et croquis par Alb. Pépin, avec une carte itinéraire du voyage. *Paris, Plon*, 1889. In 4, dos et coins chagr., tête dor., non rog., dos orné (*Engel*).

94. BORÉLY (A.-L.). Histoire de la ville du Havre et de son ancien gouvernement, 3 vol. — Histoire de la ville du Havre, 2me partie, de 1789 à 1815, suivi d'un mémorial des principaux incidents qui se sont produits au sein de la cité depuis 1815 jusqu'à nos jours, 2 vol. *Havre, Lepelletier*, 1885. En 5 vol. gr. in 8, dos et coins maroq. tête de nègre, tête dor., non rog.

Exempl. en grand papier de hollande, nos 24 et 11.

95. BOSSUET. Les éditions originales des oraisons funèbres. Portrait sur acier d'après Ficquet et Savard par Paquien. Lettres ornées, fleurons, culs-de-lampe par L. M. *Paris, Bonnassies*, 1877. In-8, maroq. grenat, compart. de fil. à la Du Seuil, large dent. int., dos orné de petits fers, tr. dor. sur marb. (*Smeers*).

Exempl. en papier de hollande.

96. BOSSUET (J.-B.). Oraison funèbre du Grand Condé. *Paris, Damascène Morgand et Ch. Fatout*, 1877. In 4, br., non rog., couv. impr.

Papier de hollande numéroté. 9 compositions de M. Lechevalier-Chevignard.

97. BOUCHÉ (Jacques). Gallet et le Caveau. 1698-1757. *Paris, Dentu*, 1884. 2 vol. in-8, br., non rog., couv. impr.

Papier vergé anglais ; en-têtes sur bois et pages encadrées d'ornements.

98. BOUCHOT (Henri). Le luxe français. L'Empire. *Paris, Librairie Illustrée, s. d.* In 4, br., non rog., couv. ill.

Exemplaire en papier vélin numéroté (n° 37). Reproductions en héliogravure, planches de costumes coloriés, nombreux bois dans le texte et hors le texte, etc.

99. BOUCHOT (Henri). Le luxe français. La Restauration. *Paris, Librairie Illustrée, s. d.* In 4, br., non rog., couv. ill.

Exempl. en papier vélin (n° 27). Héliogravures, planches de costumes coloriés et nombreux bois dans et hors le texte.

100. BOUGEAULT (Alfred). Histoire des littératures étrangères. *Paris, Plon,* 1876. 3 vol, in 8, dos et coins de veau, tête dorée, non rog.

101. BOUQUET (F.). Rouen aux principales époques de son histoire jusqu'au 19e siècle. 32 eaux-fortes et 20 vignettes, par M. Lalanne. Brunet-Debaines, Toussaint, Adeline, Nicolle. Description des monuments par G. Dubosc. *Rouen, Augé,* 1886. Gr. in 4, dos et coins maroq. lavallière, tête dor., non rog.

Exemplaire de luxe, avec eaux-fortes sur chine monté.

102. BOURCARD (Gustave). Les estampes du XVIIIe siècle. Ecole française. Guide-manuel de l'amateur avec une préface de Paul Eudel. *Paris, Dentu,* 1885. Gr. in 8 br., non rog., couv. impr.

Exempl. sur papier vergé à la cuve, numéroté.

103. BOURCARD (Gustave). Dessins, gouaches, estampes et tableaux du 18e siècle. Guide de l'amateur. *Paris, Damascène Morgand,* 1893. Gr. in 8, br., non rog., couv. impr.

Exempl. sur papier vergé à la cuve, numéroté.

104. BRILLAT-SAVARIN. Physiologie du goût, avec une préface par Ch. Monselet. Eaux-fortes par Ad. Lalauze. *Paris, Jouaust,* 1879. 2 vol. in 12, maroq. vert, comp. de fil à la Du Seuil, large dent. int., dos orné de petits fers, tr. dor. sur marb. (*Smeers*).

Bel exemplaire. De la petite bibliothèque artistique Jouaust.

105\. BRILLAT-SAVARIN. Suite complète de 8 figures sur acier par Bertall, pour illustrer la *Physiologie du goût*. Epr. in 8, sur chine.

106\. BRIVOIS (Jules). Guide de l'amateur. Bibliographie des ouvrages illustrés du XIXe siècle, principalement des livres à gravures sur bois. *Paris, Conquet*, 1883. In 8, br., non rog., couv. impr. *Exempl. sur papier vergé (no 446)*.

107\. BRIZEUX (Aug.). Œuvres complètes. *Paris, Lemerre*, 1874-75. 4 vol. in-12, br., non rog., couv. impr. *Portrait.*

On y a joint la suite des 14 eaux-fortes dessinées et gravées par Ch. Courtry.

108\. **BRUNET** (Jacques-Charles). **MANUEL DU LIBRAIRE ET DE L'AMATEUR DE LIVRES**, contenant : 1o un nouveau dictionnaire bibliographique, etc.; 2o une table en forme de catalogue raisonné, où sont classés, etc. 6 tomes en 12 vol., dos et coins chagr. grenat, tête dor., non rog. — Supplément par MM. P. Deschamps et G. Brunet. 2 vol. br., non rog. *Paris, F. Didot*, 1860-1878. Ensemble 14 vol. grand in 8.

Exemplaire en grand papier de hollande (ex. L) ayant appartenu à M. Lahure.

109\. BUHOT (Félix). Japonisme. 10 eaux-fortes par F. Buhot. *S. l., Avril* 1883. In folio, en feuilles, dans les couvert.

Exemplaire no 7. Les eaux-fortes sont tirées sur véritable papier du Japon.

110\. BULLETIN MENSUEL de la Librairie D. Morgand et Ch. Fatout. Du no 8 (Octobre 1878) au no 51 (Novembre 1900). En fasc. in 8, br. *Nombreuses planches.*

On y a joint les 3 Répertoires de 1878, 1882, 1893 et le supplément de janvier 1879. (Catalogue de M. E. Rouard). Manque les fasc. 15 et 50.

111\. BURTY (Philippe). Lettres de Eug. Delacroix (1815 à 1863). *Paris, Quantin*, 1878. Grand in 8, dos et coins maroq. gros vert, tête dor., non rogn., dos orné de petits fers. *(Smeers).*

Beau portrait, reproductions de dessins et nombreux fac-similé d'autographes.

112\. CABROL (Elie). Etienne Marcel, prévôt des marchands. Drame en cinq actes et 8 tableaux, en vers, orné de 6 dessins fac-simile gravés sur bois par *Lemaire*. *Paris, Jouaust*, 1878. In 8, br., non rog., couv. impr. *Grand papier de hollande numéroté.*

113\. CAHUN (Léon). La vie juive. Préface de Zadok-Kahn. Illustrations d'Alph. Lévy. *Paris, Monnier, de Brunhoff*, 1886. In 4, cart. toile ill., non coup. *6 eaux-fortes hors texte et nombreux bois dans et hors le texte.*

114\. CARÊME (Antonin). Le maître-d'hôtel français. Traité des menus à servir à Paris, à St-Pétersbourg, à Londres et à Vienne. *Paris, Garnier*, 1842. 2 vol. in 8, br., non rog., couv. impr.

Frontispice et grandes planches se dépliant.

115\. CASANOVA (J.). Mémoires de J. Casanova de Seingalt écrits par lui-même, suivis de fragments des mémoires du prince de Ligne. *Paris, Garnier, s. d.* 8 vol. in 8, br., non rog., couv. impr.

116\. CATALOGUE de l'exposition de gravures anciennes et modernes (2e exposition du Cercle de la Librairie) 4 juillet 1881. *Paris, au cercle*, 1881. In 4, en feuilles, dans le cart. spéc. de l'édition. *Nombreuses planches noires et coloriées.*

117\. CAVILLY (G. de). La séparation de corps, et le divorce, à l'usage des gens du monde, et la manière de s'en servir. Manuel des époux mal assortis. Lettre de M. Alf. Naquet. *Paris Jouvet*, 1882. In 8, br., non rog. couv. ill. *Papier de hollande numéroté.*

118\. CAZOTTE (J.). Le Diable amoureux. Préface de A. J. Pons. Eaux-fortes de F. Buhot. Variantes et bibliographie. *Paris, Quantin*, 1878. In 8, dos et coins maroq. rouge, tête dor., non rog., dos orné de petits fers, texte encadré. *(Smeers).*

Portrait, eaux-fortes et fac simile. De la petite Bibliothèque de luxe des romans célèbres.

119. CHALCOGRAPHIE DU LOUVRE. Sacre et couronnement de Louis XVI. Suite de 5 planches in plano, à toutes marges.

Belle reproduction des 5 pl. dessinées d'après nature et gravées par J. M. Moreau le Jeune. Epreuves du début.

120. CHALCOGRAPHIE DU LOUVRE. Fêtes données au Roi et à la Reine, par la ville de Paris, le 21 janvier 1782, à l'occasion de la naissance de Mgr le Dauphin. Suite de 4 planches in plano, à toutes marges. Epreuves du début.

Jolie reproduction des 4 pl. dessinées d'après nature et gravées par J. M. Moreau le Jeune.

121. CHALCOGRAPHIE DU LOUVRE. Portraits, vues de Paris, scènes, etc. 31 grandes planches in plano, à toutes marges. Reproductions des plus célèbres tableaux anciens, d'après les grands maîtres. Belles épreuves du début.

122. CHAMPFLEURY. Le violon de faïence. Dessins en couleur par Emile Renard, eaux-fortes par M. J. Adeline. *Paris, Dentu,* 1877. In 8, dos et coins maroq. vert, tête dor., non rog., dos orné de petits fers. (*Smeers.*)

123. CHAMPFLEURY. Henry Monnier. Sa vie, son œuvre. Avec un catalogue complet de l'œuvre, et 100 gravures fac-similé. *Paris, Dentu,* 1879. In 8, dos et coins maroq. rouge, tête dor., non rog., dos orné (*Smeers*). *Gravures noires et coloriées.*

124. CHAMPFLEURY. Les vignettes romantiques. Histoire de la littérature et de l'art, 1825-1840. 150 vignettes par Célestin Nanteuil, Tony Johannot, Devéria, Jeanron, etc., suivi d'un catalogue complet des romans, drames, poésies, ornés de vignettes, de 1825 à 1840. *Paris, Dentu,* 1883. In 4, br., non rog., couv. ill. *Nombreuses gravures.*

125. CHANSON DE ROLAND (La). Traduction nouvelle rhythmée et assonancée, avec une introduction et des notes par L. Petit de Julleville. *Paris, Lemerre,* 1878. In 8, dos et coins maroq. marron, tête dor., non rog., dos orné de petits fers (*Smeers*). Papier de hollande.

126. CHANTELAUZE (R.). Mémoires de Philippe de Commynes. Nouvelle édition revue sur un manuscrit ayant appartenu à Diane de Poitiers et à la famille de Montmorency-Luxembourg. Edition illustrée d'après les monuments originaux, de 4 chromolithog. et de nombreuses grav. sur bois. *Paris, Didot,* 1881. Gros vol. in 4. br., non rog., couv. imp.

Un des 100 exempl. sur papier de cuve (nº 4).

127. **CHANTS ET CHANSONS POPULAIRES DE FRANCE.** *Paris, Delloye,* 1843. 3 vol. grand in 8, dans le cartonnage illustré de l'éditeur, dos veau orné, grandes marges, *témoins*.

Exemplaire très frais. L'éditeur, pour sa reliure spéciale, **avait employé les couvertures des exempl. brochés.**

Premier tirage des nombreuses gravures par Daubigny, Grandville, Meissonier, etc.

128. CHARETTE (Bon de). Souvenir du régiment des Zouaves pontificaux. Rome (1860-1870). France (1870-1871). Notes et récits. *s. l. n. d. (Paris, Alcan-Lévy).* In 4, dos et coins maroq. grenat, tête dor., non rog., dos orné de petits fers (*Smeers*).

Nombreuses planches sur bois hors texte.

129. CHARTON (Ed.). Dictionnaire des professions, ou guide pour le choix d'un état, indiquant les conditions de temps et d'argent pour parvenir à chaque profession, les études à suivre, etc. *Paris, Hachette,* 1880. En 4 fasc. in 4, br., non rog., couv. impr.

130. CHASSE. Aventures de chasse. Suite de 11 lithographies par Swebach. Jolies épr. in 4.

131. CHATEAUBRIAND (F. A. de). Atala ou les amours de deux sauvages, suivi de René. Compositions d'Emile Lévy, gravées à l'eau-forte par Boutelié. Dessins de Giacomelli, gravés sur bois par Rouget et Sargent. *Paris, Jouaust,* 1877. In 12, maroq. citron, 3 fil. sur les plats, large dent. int., dos orné de petits fers, tr. dor. sur marb. (*Smeers.*)

Texte encadré d'un fil. rouge.

132. CHEFS-D'ŒUVRE DU ROMAN CONTEMPORAIN. Illustrations par les meilleurs artistes, gravées à l'eau-forte et tirées hors texte. *Paris, Quantin.* 14 vol., format petit in 4 anglais, br., non rog., couv. impr.

Flaubert (Gust.). Madame Bovary. 12 compositions par A. Fourié. 1 vol.

Feuillet (Oct.). Monsieur de Camors. 11 compositions par S. Rejchan. 1 vol.

Balzac (H. de). Le père Goriot. 10 compositions par Lynch. 1 vol.

Sand (George). Mauprat. 10 compositions par J. Le Blanc. 1 vol.

Goncourt (Ed. et J. de). Germinie Lacerteux. 10 compositions par Jeanniot. 1 vol.

Claretie (J.). Monsieur le Ministre. 10 composit. par Ad. Marie. 1 vol.

Flaubert (Gust.). Salambô. 10 compositions par Poirson. 1 vol.

Lamartine (A. de). Raphael. 10 compositions par Ad. Sandoz. 1 vol.

Balzac (H. de). La cousine Bette. 10 compositions par G. Cain. 1 vol.

Daudet (Alph.). Sapho. 10 compositions par Rejchan. 1 vol.

Bernard (Ch. de). Gerfaut. 10 compositions par Weisz. 1 vol.

Sand (George). La Mare au Diable. 17 compositions par Ed. Rudaux. 1 vol.

Vigny (Alf. de). Cinq Mars, ou une conjuration sous Louis XIII. Portrait et 13 planches par Gaujean. 2 vol.

133. CHEFS-D'ŒUVRE (Les) d'art au Luxembourg. Publiés sous la direction de M. Eug. Montrosier, avec le concours littéraire de MM. L. Allard, Th. de Banville, D. Bernard, A. Besnus, etc. Poésies d'Adrien Dézamy. *Paris, Baschet,* 1880. En 41 fasc. in folio dans leurs couvert. de livraisons.

Exempl. en grand papier de Hollande, avec les 41 grandes photogravures tirées à part sur chine et les nombreuses illustrations en bois dans et hors le texte.

134. CHEFS-DŒUVRE (Les) d'art à l'Exposition Universelle de 1878. Sous la direction de M. E. Bergerat. *Paris, Baschet,* 1878. 2 tomes en 1 vol. in folio, dos et coins maroq. rouge, tête dor., non rog., dos orné.

Superbe ouvrage illust. de 40 photogravures tirées à part sur chine monté et de très nombreuses gravures dans le texte.

135. LES CHEFS-D'ŒUVRE INCONNUS. Publiés par Paul Lacroix et continués par M. Tourneux. Tirage à petit nombre sur hollande. *Paris, Jouaust*, 1879-1890. 14 vol. in 12, br., non rog., couv. impr. *Chaque vol. contient une eau-forte de Lalauze.*

Montesquieu. Voyage à Paphos. — Bastide. La petite maison. — d'Alembert et Guibert. Tombeau de Mlle de Lespinasse. — Les aventures du faux chevalier de Warwick. — Contes de La Chaussée. — Anecdotes littéraires de Voisenon. — Restif de la Bretonne. Louise et Thérèse. — Les porcherons, poème poissard. — Contes de Saint-Lambert. — Meusnier de Querlon. Psaphion. — L'Amitié de deux jolies femmes. — Les soupers de Daphné.— Les confessions du Comte de ***. — Voyage à Montbard.

136. CHÉNIER (André de). Œuvres poétiques, avec une notice et des notes par Gabriel de Chénier. *Paris, Lemerre.* 3 vol. in 12, maroq. rouge, compartiments de filets à la Duseuil, dos orné, dent. int., tr. dor. sur marbrure. (*Smeers*).

Papier de Hollande avec portrait.

137. CHENNEVIÈRES (Mis de). Les dessins de Maîtres anciens exposés à l'école des Beaux-Arts en 1879. *Paris*, 1880. In 4, br., non rog., couv. impr.

Nombreuses reproductions en héliogravures et en bois, tirées hors et dans le texte.

138. **CHEVIGNÉ** (le Cte de). **LES CONTES RÉMOIS.** 3e édition. Portraits et dessins de E. Meissonier. *Paris, M. Lévy*, 1858. Petit in-8, maroq. rouge, 3 fil. sur les plats, dos orné et mosaïqué, large dent. int., tr. dor. sur marbrure (*Thierry, Sr de Petit et Simier*).

Bel exempl. en papier velin, complet des portraits sur acier et des vignettes en bois en premier tirage.

139. CHEVIGNÉ (Cte de). Les contes Rémois. Edition ornée d'un nouveau portrait gravé à l'eau-forte par Flameng. *Paris, Lemerre*, 1873. In 16 chagr. bleu, large dent. sur les plats et dent. int., dos orné, tête dor., non rog. *Papier de Hollande.*

140. CHEVIGNÉ (Cte de). Les contes Rémois. 12e édition précédée de la muse champenoise par Louis Lacour. Dessins de Jules Worms, gravés à l'eau-forte par Paul

Rajon. *Paris*, *Jouaust*, 1877. In 12, maroq. olive, 3 fil. sur les plats, large dent. int., dos orné de petits fers, tr. dor. sur marb. (*Smeers*).

141. CHOLIÈRES. Œuvres du Seigneur de Cholières. Edition préparée par Ed. Tricotel. Notes, index et glossaire par D. Jouaust. Préface par P. Lacroix. *Paris*, *Jouaust*, 1879. 2 vol. grand in 8, br., non rog., couv. impr.

Grand papier de hollande numéroté.

142. CICERON. Œuvres. *Paris*, 1745-1776. 27 vol. petit in-8, veau lisse, 3 fil. sur les plats, dos orné, pet. dent. int., tr. dor.

Lettres familières. Notes de M. l'Abbé Prevost. 5 vol. — Histoire de Ciceron, tirée de ses écrits, etc. 4 vol. — Traité de la consolation. 1 vol. — Pensées. Trad. par M. l'abbé d'Olivet. 1 vol. — Oraisons choisies. Trad. de M. de Wailly. 3 vol. — Lettres de Ciceron à Atticus. 4 vol. — Entretiens de Ciceron sur la nature des Dieux. 2 vol. — Les Tusculanes. 2 vol. — Les Offices. 1 vol. — Les livres de Ciceron. 1 vol. — Remarques sur Ciceron par M. le Président Bouhier. 1 vol. — Traduction du Traité de l'Orateur, par M. l'Abbé Colin. 1 vol. — Philippiques de Démosthènes et Catilinaires de Ciceron, 1 vol.

143. CIGALE (La). *Paris*, *Fischbacher*, 1880. Grand in 8, br., non rog., couv. ill.

Papier vergé, eaux-fortes avant la lettre, par Villa, Rixens, Ad. Didier, Tourtin, etc.

144. CLADEL (Léon). Ompdrailles le Tombeau-des-Lutteurs. Avec 16 eaux-fortes hors texte et 7 dans le texte par Rodolphe Julian. *Paris*, *Cinqualbre*, 1879. In 4, br., non rog., couv. illust. (*Très légères rousseurs*).

145. CLAIRAMBAULT-MAUREPAS. Chansonnier historique du XVIIIe siècle. Recueil publié par Emile Raunié. *Paris*, *Quantin*, 1879-1884. 10 vol. in 12, br., non rog., couv. impr. *50 portraits à l'eau-forte.*

146. CLARETIE (Jules). Le drapeau. Edition illustrée de gravures hors texte par A. de Neuville, de gravures sur bois d'après les dessins de Edmond Morin, et du portrait de l'auteur gravé à l'eau-forte par A. Gilbert. *Paris*, *Decaux*, 1879. In 4, br., non coup., couv. impr., texte encadré.

147. CLARETIE (J.). La canne de M. Michelet. Promenades et souvenirs. Préface par Alf. Mézières. 12 compositions de P. Jazet, gravées à l'eau-forte par H. Toussaint. *Paris, Conquet.* Petit in 8, br., non rog., couv. impr.

Exempl. sur papier vélin à la cuve numéroté.

148. CLÉMENT (Félix). Histoire abrégée des beaux-arts chez tous les peuples et à toutes les époques. Ouvrage illustré de 150 grav. sur bois. *Paris, Didot,* 1879. Gr. in 8, br., non rog., couv. impr.

149. CLÉMENT DE RIS (L.). Les Amateurs d'autrefois. 8 portraits gravés à l'eau-forte. *Paris, Plon,* 1877. Grand in 8, dos et coins chagr. rouge, tête dor., non rog., dos orné. (*Smeers.*) Légères rousseurs.

150. COHEN (Henry). Guide de l'amateur de livres à figures et à vignettes du XVIIIe siècle. 3me édition entièrement refondue et considérablement augmentée par Ch. Mehl. *Paris, Rouquette,* 1876. Gr. in 8, dos et coins de veau, tête dor., non rog. *Papier de hollande.*

151. COINDRE (G.). Besançon qui s'en va. Souvenirs pittoresques et archéologiques. 1re série. 1874. 20 eaux-fortes par G. Coindre. *Paris, Cadart,* 1874. In 4, en feuilles dans sa couvert. *Exemplaire en grand papier de chine.*

152. COLLECTION BIJOU. *Paris, Jouaust,* 1880-1889. En vol. in 12 br., non rog., couv. ill., cadres rouges. *Ornements de Giacomelli.*

Anacréon. Poésies. Préf. par M. Albert. Compositions d'E. Lévy, gravées par Champollion.

Eschyle. L'Orestie. Préf. par J. Lemaître. Dessins de Rochegrosse.

La Fontaine. Psyché. Compositions d'Em. Lévy.

Le Tasse. Aminte. Préf. par H. Reynald. Compositions de Victor Ranvier.

Théocrite. Les Idylles. Trad. par J. Girard. Dessins d'Emile Lévy.

153. COLLECTION HURTREL. Curiosités historiques. *Paris, Hurtrel*, 1882-1886. 3 vol. in 12 et 1 vol. petit in 8, br., non rog., couv. ill., dans les emboît. spéc. de l'édit. *Tirage à petit nombre, ex. numérotés.*

Les Amours de Catherine de Bourbon, sœur du Roi, et du Cte de Soissons. — Les aventures romanesques d'un Comte d'Artois. — Madame Roland. Sa détention à l'Abbaye et à Ste Pélagie, 1793, racontée par elle-même. — La Belle Armurière, ou un siège de Bayonne au moyen-âge.
Tous ces vol. sont illust. de gravures en noir et en couleurs.

154. COLLECTION LAHURE. *Paris, Lahure*, 1883-1884. 3. vol., in 8 br., non rog., couv. ill.

Silvestre (A.). Chroniques du temps passé. Le conte de l'archer. Aquarelles de A. Poirson par Gillot. 1 vol.

Néel. Voyage de Paris à St-Cloud par mer, et retour de Saint-Cloud à Paris par terre. Aquarelles de Jeanniot, gravées par Gillot. 1 vol.

La matrone du pays de Soung. Les deux jumelles (Contes chinois). Chromolithog.

155. COMÉDIENS ET COMÉDIENNES. 1re série. La Comédie-française. Notices biographiques par Francisque Sarcey. Portraits gravés à l'eau-forte par L. Gaucherel. *Paris, Jouaust*, 1876. 16 fasc. in 8, br., non rog.. couv. impr. *Série complète.*

156. COMMANVILLE (Caroline). Souvenirs sur Gustave Flaubert. Texte et illustrations par C. Commanville. *Paris, Ferroud*, 1895. In 8, br., non rog., couv. ill.

Papier vélin numéroté. Portrait à l'eau-forte, pl. hors texte et encadrements sur bois.

157. CONINCK (F. de). Le Havre, son passé, son présent, son avenir. *Havre, Lemale*, 1869. Grand in 8, dos chagr. *Planches et plans.*

158. CONSTANT (Benjamin). Adolphe. Préface de A. J. Pons. Eaux-fortes de Fr. Régamey. Variantes et bibliographie. *Paris, Quantin*, 1878. In 8, dos et coins maroq. vert, tête dor., non rog., dos orné de petits fers, texte encadré (*Smeers*).

Portrait, eaux-fortes et fac-similé. De la petite Bibliothèque de luxe des romans célèbres.

159. CONTES. Contes et nouvelles en vers par Voltaire, Vergier, Sénecé, Perrault, Moncrif et le P. Ducerceau, *Rouen, Lemonnyer*, 1878-79. 2. vol. in 8, maroq. tête de nègre, compart. de fil. à la Du Seuil, large dent. int., dos orné de petits fers, tr. dor. sur marb. (*Smeers*).

Exempl. en papier whatman (n° 89). Portraits en médaillons sur les titres et vignettes d'après Duplessis-Bertaux.

160. COPPÉE (François). Œuvres. Poésies, 1864-72, 1 vol. — 1872-78, 1 vol. *Paris, Lemerre*, 1883-85. 2 vol. in 4, br., non rog., couv. impr.

Exempl. en papier vergé, avec un portrait par Boilvin et 20 pl. à l'eau-forte par Boilvin, Martinez, Rossi et Rajon.

161. CORNEILLE (P.). Œuvres. Nouvelle édition publiée par Ch. Marty-Laveaux, sous la direction de Ad. Regnier. *Paris, Hachette*, 1862. 12 vol. in 8 et 1 album in 4, br., non rog., couv. *Papier vergé*.

De la collection des « Grands Ecrivains de la France ».

162. CORNEILLE (P.). Suite complète de 1 portrait dessiné et gravé par A. St-Aubin et de 24 figures dessinées par Moreau, gravées par Bosq, Simonet, Royer, Ribault, etc., pour illustrer les œuvres de l'édition Renouard. En feuilles, marges gr. in-8.

163. **CORNEILLE** (Pierre). **DEUXIÈME CENTENAIRE DE PIERRE CORNEILLE.** Séance du 19 mars 1885 à l'archevêché de Rouen. 23 dessins au lavis par J. Adeline, précédés d'un portrait de sa Sainteté le Pape, etc., etc. *Rouen, E. Cagniard*, 1887. Gr. in 4, en feuilles dans l'emboît., satin moiré, fers spéc., étui. *Envoi autog. signé de J. Adeline à Ch. Cousin.*

Un des très rares exemplaires de don avec les planches en trois états: noir, bistre et sanguine.

164. CORTÈGE HISTORIQUE de la ville de Vienne, le 27 avril 1879, à l'occasion des noces d'argent de LL. MM. François Joseph Ier et Elisabeth. *Paris, Quantin*, 1879. In folio, dans l'emboît. spécial de l'édit.

Exemplaire numéroté, avec de nombreuses gravures sur chine, d'après les cartons de Makart.

165. COSNAC (Cte de) et PONTAL (Ed.). Mémoires de Marquis des Sourches sous le règne de Louis XIV. Septembre 1681 à Décembre 1710. *Paris, Hachette,* 1882-93. 13 vol. gr. in 8, br., non rog., couv. impr.

Grand papier de hollande (no 30).

166. COSTER (Ch. de). La légende et les aventures héroïques, joyeuses et glorieuses d'Ulenspiegel et de Lamme Goedzak, au pays des Flandres et ailleurs. Ouvrage ill. de 32 eaux-fortes inédites. *Paris, Lacroix,* 1869. In 4, dos et coins maroq. grenat, tête dor., non rog., dos orné.

Eaux-fortes par Fél. Rops, Artan, Boulenger, etc. Une rousseur sur le titre.

167. COURIER (P. L.). Œuvres, publiées en 3 vol. et précédées d'une préface par F. Sarcey. *Paris, Jouaust,* 1876. 3 vol. in 12, dos et coins maroq. rouge, tête dor., non rogné, dos orné de petits fers. (*Smeers.*)

Papier de hollande numéroté, avec portrait.

168. **C(OUSIN)** (Charles). **VOYAGE DANS UN GRENIER.** Bouquins, faïences, autographes et bibelots, *Paris, D. Morgand et Ch. Fatout,* 1878. Grand in 8, dos et coins maroq. chaudron, tête dor., non rog., dos orné. (*Smeers.*)

Tiré à 500 ex. sur papier vergé de hollande.
Très nombreuses reproductions noires et coloriées.

169. **COUSIN** (Charles). **RACONTARS ILLUSTRÉS** d'un vieux collectionneur. Bouquins, dessins, tableaux, faïences, autographes et bibelots. *Paris, Librairie de « l'Art »,* 1887. In 4, br., non rog., couv. imp. (*dos cassé*).

Exemplaire en grand japon impérial. Ouvrage orné d'un grand nombre de reproductions en or, argent, couleurs et en noir, tirées à pleine page, de fac-simile, d'en-têtes, de culs-de-lampe, etc.

170. CRAFTY. Paris à cheval. Texte et dessins par Crafty. Avec une préface par Gustave Droz. *Paris, Plon,* 1883. In 4, br., non rog., couv. impr. *Nombreuses vignettes dans et hors le texte.*

171. CREVAUX (J.). Voyages dans l'Amérique du Sud. Contenant I. Voyage dans l'intérieur des Guyanes, etc., avec 253 grav. sur bois, 4 cartes et 6 fac-simile des relevés du Dr Crevaux. *Paris, Hachette*, 1883. In 4, br., non rog., couv. impr.

172. CURIOSITÉS BIBLIOGRAPHIQUES. *Rouen, Lemonnyer*, 1879-1880. 7 vol. in 12, br., non rog., couv. impr. *Papier teinté numéroté. Figures.*

Rapsaet. Les droits du seigneur. — *I. de Born.* La Monacologie. — *Le P. Féline.* Catéchisme des gens mariés. — Eloge burlesque de la Seringue. — La confession générale d'Audinot. — *Schlegel.* La prostitution en Chine. — *Stehlich.* Les Moines.

173. DAREMBERG (Ch.) et SAGLIO (Edm.). Dictionnaire des Antiquités Grecques et Romaines, d'après les textes et les monuments. Contenant l'explication des termes, etc. Avec 3000 figures d'après l'antique, dessinées par P. Sellier et gravées par M. Rapine. *Paris, Hachette*, 1873-89. Fascicules 1 à 13, in 4, br., non rog., couv. impr.

174. DAUDET (Alph.). Œuvres. Lettres de mon moulin. Edition définitive. *Paris, Lemerre*, 1879. In 12, br., non rog., couv.

Un des 50 ex. sur papier vergé (no 30), avec le portrait en double état : noir et sanguine avant lettre. On y a joint la suite complète, *en grand chine avant lettre,* des 6 eaux-fortes dessinées et gravées par F. Buhot.

175. DAUDET (Alph.) Tartarin sur les Alpes. Nouveaux exploits du héros Tarasconnais. Illustré d'aquarelles par Aranda, de Beaumont, Montenard, de Myrbach, Rossi, Gravure de Guillaume frères. *Paris, Calmann Lévy*, 1885. In 8, dos et coins peau de crocodile, plats toile. tête dor., non rog.

Edition dite du *Figaro. 1er tirage.*

176. DAVILLIER (Baron). Les origines de la porcelaine en Europe. Les fabriques italiennes du XVe au XVIIe siècle, avec une étude spéciale sur les porcelaines des Médicis, etc. *Paris, librairie de l'art*, 1882. In 4, cart. toile, fers spéciaux or et couleurs de l'éditeur, tête dor. non rog.

Nombreuses reproductions sur bois tirées dans le texte.

177. DÉBAT (Le) de deux Demoyselles, l'une nommée La Noyre et l'autre La Tannée ; suivi de la vie de Saint-Harenc et d'autres poésies du xve siècle avec des notes et un glossaire. *Paris, F. Didot*, 1825. In 8, dos et coins maroq. rouge, tête dor., non rog., dos orné de petits fers. *(R. Raparlier.)*

178. DELACROIX (Eug.). L'œuvre complet de Eugène Delacroix. Peintures, dessins, gravures, lithographies, catalogué et reproduit par Alf. Robaut, commenté par E. Chesneau. Ouvrage publié avec la collaboration de E. Calmettes. *Paris, Charavay*, 1885. In 4, br., non coup., couv. impr. (dos cassé).

Portraits en héliogravure et nombreuses vignettes sur bois dans le texte.

179. DE LA QUÉRIÈRE. Description historique des Maisons de Rouen les plus remarquables par leur décoration extérieure et par leur ancienneté. Ornée de sujets inédits dessinés et gravés par E. H. Langlois. *Paris, F. Didot*, 1821-41. 2 tomes en 1 vol. in 8, dos et coins veau, tr. jasp.

Bon exempl. complet des planches.

180. DELAVIGNE (Casimir). Théâtre, 4 vol. — Messéniennes, chants populaires et poésies diverses, 1 vol. — Derniers chants, poèmes et ballades sur l'Italie. *Paris, Didier*, 1850. En 6 vol. gr. in 8, dos et coins chagr. rouge, tête dor., non rog., dos orné de fers fins et mosaïqué.

Portrait et planches sur acier d'après les dessins de A. Johannot.

181. **DELORME** (Hugues). **QUAIS ET TROTTOIRS.** 13 lithographies en couleurs de Heidbrinck. *Paris, Imprimé pour les Cent Bibliophiles*, 1898. In 8, br., non rog., couv. ill.

Ouvrage tiré à 115 ex. seulement pour les membres de la Société (*n° 83, M. Arthur Noël*), et non mis dans le commerce. Les lithogr. ont été tirées sur 4 pierres repérées.

182. DEMOUSTIER (C. A.). Lettres à Emilie sur la mythologie. *Paris, Furne, Jouvet*, 1868. Gr. in 8, dos et coins maroq. rouge, tête dor., non rog. dos orné. *(Smeers)*.

Exempl. en papier de hollande (n° 60). Portrait et grav. sur acier, tirés sur chine. Le portrait est avant la lettre.

183\. DÉROULÈDE (Paul). Chants du Soldat. Dessins et aquarelles de de Neuville, Detaille, Allongé, Baugnies, etc. Gravure de Guillaume frères. *Paris, Calmann Lévy*, 1888. In 8, dos et coins peau de crocodile. fers spéc., tête dor., non rog., couv. cons.

Edition dite du Figaro. *1er tirage.*

184\. DESJARDINS (Gustave). Le Petit-Trianon. Histoire et description. *Versailles, Bernard*, 1885. In 4, br., non rog., couv. impr.

Frontisp. colorié et nombreuses planches en héliogravure ou coloriées ; les plans sont reproduits en héliogravure.

185\. DESNOIRETERRES (Gust.). Iconographie voltairienne. Histoire et description de ce qui a été publié sur Voltaire par l'art contemporain. *Paris, Didier*, 1879. In 4, dos et coins maroq. grenat, tête dor., non rog., dos orné *(Smeers)*.

Grand papier vergé. Très nombreuses reproductions de portraits et d'études de Voltaire.

186\. DES PÉRIERS (Bonaventure). Nouvelles récréations et joyeux devis, suivis du Cymbalum mundi. Notice, notes et glossaire par Louis Lacour. *Paris, Jouaust*, 1874. 2 vol. grand in 8, br., non rog., couv. impr.

Grand papier de hollande numéroté.

187\. DESSINS. Suite de 8 jolis dessins anciens, à la mine de plomb, études de femmes nues, montés avec encadrement, feuilles in 8.

188\. DIDEROT. Œuvres complètes. Revues sur les éditions originales, etc. Notices, notes, table analytique. Etude sur Diderot par J. Assézat et Maurice Tourneux. *Paris, Garnier*, 1875-77. 20 vol. in 8, dos et coins de veau, tête dor., non rog. *Portraits.*

189\. DIDEROT, etc. Correspondance littéraire, philosophique et critique par Grimm, Diderot, Raynal, Meister, etc., revue sur les textes originaux, etc. Notice, notes et table générale par Maurice Tourneux. *Paris, Garnier*, 1877-1882. 16 vol. in 8, br., non rog., couv. impr. *Portraits et fac-similés.*

190. DIEULAFOY (Mme Jane). La Perse, la Chaldée et la Susiane. Relation de voyage contenant 336 grav. sur bois d'après les photographies de l'auteur et 2 cartes. *Paris, Hachette*, 1887. Gr. in 4, br., non rog., couv. impr.

191. DIEULAFOY (Mme Jane). A Suse. Journal des fouilles. 1884-1886. *Paris, Hachette*, 1888. Grand in 4, br., non rog., couv. impr.

Ouvrage contenant 121 gravures sur bois et 1 carte.

192. **DORAT. — LES BAISERS**, précédés du mois de Mai. Poème. *Rouen, Lemonnyer*, 1880. In 8 en feuilles, dans l'emboît. de l'édit.

Exemplaire en grand papier du japon (n° 39). Réimpression des figures de Eisen tirées en quadruple état: en noir dans le texte, en sanguine, en bistre et en bleu à part.

193. DORÉ (Gustave). Catalogue des dessins, aquarelles et estampes de G. Doré, exposés dans les salons du cercle de la librairie (Mars 1885). Avec une notice biographique par M. G. Duplessis. Portrait gravé par Lalauze, d'après Carolus Duran. *Paris, Cercle de la librairie, s. d.* In 8, br., non rog., couv. impr.

Exempl. en grand papier de hollande (n° 15) avec le portrait en double état, noir et sanguine avant la lettre.

194. DROZ (Gustave). Monsieur, Madame et Bébé. Edition illust. par Edmond Morin et ornée d'un portrait de l'auteur en frontispice gravé par Léopold Flameng. *Paris, Havard*, 1878. In 4, dos et coins maroq. bleu, tête dor., non rog., dos orné. *(Smeers)*.

Bel exemplaire. Un des 150 sur papier de hollande (n° 22).

195. DRUMONT (Ed.). Les fêtes nationales à Paris. *Paris, Baschet*, 1879. In folio, dos et coins chagr. bleu, tête dor., non rog., dos orné.

Très nombreuses reproductions dont plusieurs grandes planches se dépliant.

196. DU BARRY. La comtesse Du Barry. Sa vie amoureuse. — Le gazetier cuirassé. — Grimm. — Bachaumont. — etc. etc. Les maîtresses du roi par P. de Saint-Victor. — Histoire de Mme Du Barry, par A. Houssaye. *Paris, librairie à estampes*, 1878. In 12, dos et coins de maroq. bleu, tête dor., non rog. *(Smeers) 2 portraits sur papier de hollande. Exempl. numéroté.*

197. DUBOIS (Urbain). Cuisine de tous les pays. Etudes cosmopolites, avec 392 dessins composés pour la démonstration, dont 3 pl. gravées hors texte. *Paris Dentu*, 1872. In 4, dos et coins chagr., tête dor., non rog., dos orné.

Frontispice et grandes planches hors texte sur acier.

198. DUBOIS (Urbain) et E. Bernard. La cuisine classique. Etudes pratiques, raisonnées et démonstratives de l'école française appliquée au service à la russe. Ouvrage illustré de 64 planches renfermant près de 350 dessins, etc. *Paris, Dentu*, 1876. 2 vol. in 4, dos chagr., plats toile, tr. jasp., dos orné.

199. DUBOURG (Ch.). Louviers et ses environs. 20 eaux-fortes précédées d'une notice historique pour chaque planche. *Louviers, Izambert*, 1895. In 4, br., non rog., couv. ill.

Un des 25 exempl. sur papier du japon, n° 6.

200. DUBOURG (Ch.). Louviers et ses environs. 20 eaux-fortes précédées d'une notice historique pour chaque planche. *Louviers, Izambert*, 1898. In 4, en feuilles, dans une couv. de livr.

Un des 10 exemplaires avec les eaux-fortes tirées sur japon (n° 5), avant la lettre.

201. DU CAMP (Maxime). Souvenirs littéraires. *Paris, Hachette*, 1882. 2 vol. in 8, br., non rog., couv. impr. *Edition originale.*

202. DU CAMP (Maxime). Une histoire d'amour. 1 portrait gravé par A. Lamotte, 8 compositions de P. Blanchard gravées par Buland. *Paris, Conquet*, 1888. In 18, br., non rog., couv. impr. *Papier vergé du Marais numéroté.*

203. DUCROS (Emmanuel). En chemin de fer. Triolets dits par M. Mounet-Sully. Compositions de Ch. Daux. *Paris, Baschet, s. d.* Grand in 4, cart. satin illust. en couleurs.

Les jolies compositions de Ch. Daux sont gravées à l'eau-forte et coloriées.

204. DU DEFFAND (Mme). Correspondance complète de Mme Du Deffand avec la duchesse de Choiseul, l'abbé Barthélemy et M. Craufurt. Publié avec une introduction par M. le Marquis de Saint-Aulaire. *Paris, Lévy*, 1877. 3 vol. gr. in 8, br., non rog., couv. impr.

205. DU FAIL (Noel). Contes et discours d'Eutrapel. Réimprimés par les soins de D. Jouaust, avec une notice, des notes et un glossaire par C. Hippeau. *Paris, Jouaust*, 1875. Gr. in 8, br., non rog., couv. impr.

Exempl. en grand papier de Hollande, n° 70.

206. DUMAS (A.). Les trois mousquetaires, avec une lettre d'A. Dumas fils. Compositions de Maurice Leloir. Gravures sur bois de J. Huyot. *Paris, Lévy*, 1894. 2 vol. in 4, br., non rog., couv. ill.

207. DUMAS (Alex.). 84 planches gravées sur bois par divers, pour illustrer les Œuvres. Epr. in 4.

Trois Mousquetaires, 22 pl. — Vingt ans après, 21 pl. — Monte-Christo, 33 pl. — Chevalier de Maison-Rouge, 8 pl.

208. DUMAS FILS (A.). La Dame aux Camélias. Préface par M. Jules Janin. *Paris, Lévy*, 1872. Gr. in 8, br. non rog., couv. impr.

Papier de Hollande numéroté. Eau-forte avant la lettre. Edition spéciale revue et corrigée par l'auteur.

209. DUMAS FILS (A.). Les femmes qui tuent et les femmes qui votent. *Paris, Lévy*, 1880. In 12, br., non rog., couv. impr.

Exempl. en grand papier de Hollande, n° 12.

210. DUMAS FILS (Alexandre). La Dame aux Camélias. Préface de Jules Janin et nouvelle préface inédite de l'auteur. Illustrations de A. Lynch. *Paris, Quantin*, 1887. In 4, br., non rog., couv. illust. en couleurs conservée.

Papier vélin avec les eaux-fortes de Lynch et des compositions dans le texte tirées en bistre, bleu, vert. Frontispice colorié.

211. DUMONT (E.) et MARTIN (A.). Histoire de la ville de Montivilliers. Avec vues et plans de Montivilliers à diverses époques. *Fécamp, Durand*, 1886. 2 vol. in 8, dos et coins de maroq., tête dor., non rog. *Papier de Hollande* tiré au nom de M. A. Noël.

212. DUPLESSIS (Georges). Histoire de la gravure en Italie, en Espagne, en Allemagne, dans les Pays-Bas, en Angleterre et en France. 73 reproductions de gravures anciennes. *Paris, Hachette*, 1880. In 4, dos et coins de maroq. Lavallière, tête dor., non rog., dos orné et mosaïqué (*Smeers*).

213. DUPLESSIS (Georges). Eaux-fortes de J. Ruysdael, reproduites et publiées par Amand-Durand. *Paris, Goupil*, 1878. In folio, en feuilles, couv. cons., dans l'emb. de l'édit. *Suite de 12 eaux-fortes sur chine.*

214. DUPLESSIS-BERTAUX. Suites complètes de vignettes montées et réunies en 3 albums, petit in-8 br.

1° Suite des cris des marchands ambulants de Paris, 12 vign.
2° Acteurs et actrices, 12 vign.
3° Suite de mendiants, gravée à l'eau-forte, 12 vign.

215. DURUY (V.). Histoire des Romains, depuis les temps les plus reculés jusqu'à l'invasion des barbares. Edition enrichie de 50 planches en chromolithog, de 3,453 gravures dessinées d'après l'antique et de 46 cartes ou plans. *Paris, Hachette*, 1885. 7 vol. in 4, dos chagr., tête dor., non rog., dos orné.

216. DURUY (V.). Histoire des Grecs, depuis les temps les plus reculés jusqu'à la réduction de la Grèce en province romaine. Édition enrichie d'environ 2,000 gravures dessinées d'après l'antique et 50 cartes ou plans. *Paris, Hachette*, 1887. 3 vol. in 4, dos chagr., tête dor., non rog., dos orné.

217. DUSÉJOUR (Mlle Dionis). L'origine des grâces. Poème. Illustrations de Cochin. *Paris, Lemonnyer*, 1883. In 8, en feuilles dans le cart. satin illust. de l'édit.

Tiré à 250 ex. seulement sur papier du Japon, n° 92.

218. L'EAU-FORTE. Eaux-fortes originales et inédites par les artistes les plus distingués. Texte par Ph. Burty. De 1874 (origine) à 1881. *Paris, Cadart*, 1874-1881. Ces 8 années en feuilles in folio, dans les cartons annuels de l'éditeur.

Chaque année contient 30 eaux-fortes gravées par 30 artistes différents, sauf l'année 1875 qui en contient 40. En tout 250 pièces.

219. EAUX-FORTES et GRAVURES des maîtres anciens, tirées des collections les plus célèbres et publiées avec le concours de Ed. Lièvre ; notes par Georges Duplessis. Héliogravure Amand Durand. *Paris, Goupil*, 1875. Collection complète de 60 eaux-fortes réunies en 6 fasc. in folio, br., couv.

220. EDITIONS GAY et DOUCÉ. *Bruxelles, Londres, Gay et Doucé, Kistemaeckers, etc.* Lot de 4 vol. petit in 8, br.

Contes théologiques. — *Mercier de Compiègne.* Eloge du sein des femmes. — *J.-B. Rousseau.* Toutes les épigrammes. — *Beaufort d'Auberval.* Contes érotico-philosophiques.

221. EDITIONS LISEUX. *Paris, Liseux*, 1875-1877. 9 vol. in 16, reliés dos et coins chagr., ou dos et coins veau, tête dor., non rog., dos orné. *Papier vergé.*

Du Bellay (J.). Divers jeux rustiques et autres œuvres poétiques.

Erasme. La civilité puérile. Traduction avec le texte latin en regard. Notice par A. Bonneau.

Favre (abbé). Histoire de Jean-l'on-pris. Conte languedocien du XVIIIe siècle. Notice par J. Troubat.

Gessner (J. M.). Socrate et l'Amour Grec. Trad. avec le latin en regard par A. Bonneau.

Hutten (Ulrich de). Julius. Dialogue entre Saint Pierre et le pape Jules II à la porte du Paradis (1513). Trad. avec le texte latin par Ed. Thion.

Molière. La vie de Mr de Molière, par J. L. Le Gallois, sieur de Grimarest. Notice par A. P. Malassis. *Frontisp.*

Molière. Les intrigues de Molière et celles de sa femme, ou la fameuse comédienne. Histoire de la Guérin.

Sinistrari (le R. P.). De la démonialité et des animaux incubes et succubes, où l'on prouve... etc.

Vivant-Denon. Point de lendemain. Conte dédié à la Reine.

222. EDITIONS LISEUX. *Paris*, *Liseux*, 1879-1881. 3 vol. in 16, br., non rog., couv. *Papier vergé.*

Crébillon fils. La nuit et le moment. — *J. Troubat.* Plume et pinceau. Etudes de littérature et d'art. — *Les heures* perdues d'un cavalier françois.

223. ELZEVIER. — LOGIQUE (La) ou l'Art de penser : comprenant, outre les règles communes, plusieurs observations nouvelles propres à former le jugement. *A Amsterdam*, *Wolfgank*, 1675. In 12, maroq. rouge, compart. de filets à la Du Seuil, dos orné, dent int., tr. dor. (*Quinet*).

Ouvrage par Arnault et Nicole (haut. 0,120).

224. ERASME (D.). Les Colloques, nouvellement traduits par Victor Develay, et ornés d'un portrait et de vignettes gravées à l'eau forte par J. Chauvet. *Paris*, *Jouaust*, 1875. 3 vol. in-8, dos et coins maroq. grenat, tête dor., non rog., dos orné (*Smeers*).

Exemplaire en grand papier vélin à la forme (nº 51).

225. ERASME. Eloge de la folie. Traduit par V. Develay, et accompagné des 73 dessins de Hans Holbein. *Paris*, *Jouaust*, 1876. In 8, dos et coins de maroq. bleu, tête dor., non rog., dos orné (*Smeers*).

Un des 25 exempl. sur papier whatman (nº 38).

226. ESTIENNE (Henri). Apologie pour Hérodote [Satire de la société au XVIe siècle]. Nouvelle édition, faite sur la 1re et augmentée de remarques par P. Ristelhuber, avec trois tables. *Paris*, *Liseux*, 1879. 2 vol. petit in 8, dos et coins maroq., tête dor., non rog., dos orné de petits fers (*Smeers*).

Exempl. en papier de hollande.

227. L'ESTOILE. Mémoires-journaux. Edition... publiée avec de nombreux documents inédits, etc., par G. Brunet, A. Champollion, E. Alphen, Paul Lacroix, etc. *Paris*, *Jouaust*, 1875-1883. 11 vol. in 8, br., non rog., couv. impr. *Grand papier de hollande numéroté.*

Journal de Henri III, 3 vol. — Les belles figures et drolleries de la ligue, 1 vol. — Journal de Henri IV, 7 vol. — Ouvrage complet.

228. EVANGILES (Les Saints), traduits de la vulgate par M. l'abbé Dassance, illustrés par MM. Tony Johannot, Cavelier, Gérard-Seguin et Brevière. *Paris, Curmer*, 1836. 2 vol. grand in 8, dos et coins maroq. long grain, tête dor., non rog., dos orné (*Rivage*).

Frontisp. en chromolithog., planches gravées sur acier et sur bois hors texte. Texte encadré d'une bordure gravée sur bois. *Reliure de l'époque.*

229. EYRIÈS (Gustave). Les châteaux historiques de la France. Accompagné d'eaux-fortes, tirées à part et dans le texte et gravées par nos principaux aquafortistes sous la direction de M. Eugène Sadoux. *Paris, Oudin*, 1877. 2 vol. grand in 4, dos et coins maroq. rouge, tête dor., non rog., dos orné.

Les eaux-fortes, en-têtes et culs-de-lampe sont tirés sur papier de chine et avant la lettre.

230. FABRE (Ferdinand). L'abbé Tigrane, candidat à la Papauté. 1 portrait d'après J. P. Laurens et 20 eaux-fortes originales de E. Rudaux. *Paris, L. Conquet*, 1890. In 8, br., non rog., couv. impr.

Papier vélin du Marais numéroté.

231. FEBVRE (F.) et T. JOHNSON. Album de la Comédie Française, dédié à S. A. R. le Prince de Galles. *Paris, Ollendorff*, 1879. Grand in 4, br., non rog., couv. impr.

Un fac-simile d'autogr. d'Alex. Dumas fils, **un frontispice** à **l'eau forte par Sarah Bernhardt**, et 26 eaux fortes hors texte. (portraits avec fac-simile d'autogr.)

232. **FÉMINIES.** Huit chapitres inédits dévoués à la femme, à l'amour, à la beauté, par Gyp, A. Hermant, H. Lavedan, M. Schwob et Oct. Uzanne. *Paris, imprimé pour les Bibliophiles contemporains*, 1896. Gr. in 8, br., non rog., couv. ill.

Ouvrage tiré à 183 exempl. seulement pour les membres de la Société (*n° 110, M. Arthur Noël*), et non mis dans le commerce. Illustré de 1 frontispice en couleur par Kratké, 8 frontispices à l'eau-forte en deux états, par **Félicien Rops** : en noir avec remarque et coloriés à la poupée ; encadrements en couleur, vignettes dans le texte, etc.

233. FÉNELON. Les aventures de Télémaque, suivies des aventures d'Aristonoüs. Deux notices par M. Poujoulat. 14 gravures à l'eau-forte par V. Foulquier. *Tours, Mame*, 1873. In 4, maroq. rouge, compartiments de fil. à la Du Seuil, dos orné de petits fers, large dent. int., tr. dor. sur témoins. (*Smeers*).

Exemplaire *en grand papier vergé numéroté*, avec les eaux fortes avant la lettre et le frontisp. sur chine.

234. FERTIAULT (F.). Les Amoureux du livre. Sonnets d'un bibliophile, fantaisies, commandements du bibliophile, etc. Préface du Bibliophile Jacob (Paul Lacroix). 16 eaux-fortes de Jules Chevrier, *Paris, Claudin*, 1877. In 8, dos et coins maroq. citron, tête dor., non rog., dos orné et mosaïqué (*Smeers*). Papier vergé.

235. FEUILLET (Octave). Le Roman d'un jeune homme pauvre. Dessins de Mouchot gravés par Méaulle. *Paris, Quantin s. d.* In 4, br., non rog., couv. illust.

Portrait sur japon et nombreux bois dans et hors le texte.

236. FIGARO EXPOSITION 1889. *Paris, Boussod-Valadon*, 1889. 6 fasc. in folio, dans l'emboîtage toile, fers spéc. de l'édit.

237. FLAMMARION (Camille). Uranie. Illustrations de Bieler, Gambard et Myrbach, *Paris, Marpon et Flammarion*, 1889. In 8, br., non rog., couv. ill. *De la collection Guillaume.*

238. FLAUBERT (Gustave). Madame Bovary. Mœurs de Province, *Paris, Lemerre*, 1874. 2 vol. in 12, dos et coins maroq., tête dor., non rog., dos orné. (*Smeers*).

Exempl. complet de la suite des 7 eaux-fortes de Boilvin, avant la lettre.

239. FLAUBERT (G.). Œuvres. Salambô. *Paris, Lemerre*, 1879. 2 vol. in 12, br., non rog., couv. impr.

On y a joint la suite complète des 8 eaux-fortes dessinées et gravées par Pierre Vidal.

240. FOË (Daniel de). Etranges aventures de Robinson Crusoé. Trad. de l'édition princeps (1719), avec une étude

sur l'auteur par Battier. Frontisp. et 7 planches dessinées et gravées par J. Fesquet, Legenisel, etc. *Paris, Bonnassies*, 1877. In 8, dos et coins maroq. citron, tête dor., non rog., dos orné et mosaïqué. (*Smeers*).

Papier de hollande, épreuves avant la lettre.

241. FOË (D. de). Vie et aventures de Robinson Crusoé. Traduction de Pétrus Borel. Avec 8 eaux-fortes par Mouilleron, portrait gravé par Flameng. *Paris, Jouaust*. 1878. 4 vol. in 12, dos et coins maroq. rouge, tête dor., non rog. dos orné de petits fers *(Smeers)*.

242. FONTANE (Marius). Histoire Universelle. *Paris, Lemerre*, 1881-85. 5 vol. in 8, br., non rog., couv. impr.

243. FOUQUET (Henri). Histoire civile, politique et commerciale de Rouen, depuis les temps les plus reculés jusqu'à nos jours. *Rouen, Métérie*, 1876. 2 vol. in 8, dos et coins chagr., tête dor., non rog. *Papier vergé*.

244. FOURNEL (Victor). Petites comédies rares et curieuses du XVIIe siècle. Avec notes et notices par V. Fournel. *Paris, Quantin*, 1884. 2 vol. in 12, br., non rog., couv. impr.

245. FOURNEL (Victor). Les contemporains de Molière. Recueil de comédies rares ou peu connues jouées de 1650 à 1680, avec l'histoire de chaque théâtre, etc. Théatre de l'Hotel de Bourgogne, — Théatre de la Cour, — Théatre du Marais. *Paris, F. Didot*, 1863-1875. 3 vol. in 8, dos et coins maroq. grenat, tête dor., non rog, dos orné *(Smeers)*.

246. FRANCE (Anatole). Lucile de Chateaubriand. Ses contes, ses poèmes, ses lettres. Précédés d'une étude sur sa vie par Anatole France. *Paris, Charavay*. 1879. Petit in 8 carré, dos et coins maroq. gros vert, tête dor., non rog., dos orné de petits fers (*Smeers*).

Papier vergé. Frontisp. et gravures. Edition originale.

247. FRANCE (Anatole). Les désirs de Jean Servien. *Paris, Lemerre*, 1882. In 12, br., non rog., couv. impr. *Edition orignale.*

248. FROISSART. Les Chroniques de J. Froissart. Edition abrégée, avec texte rapproché du français moderne par Mme de Witt, née Guizot. Ouvrage contenant 11 planches en chromolithogr., 12 lettres et titres impr. en couleurs, 2 cartes, 33 grandes compositions tirées en noir et 252 gravures. *Paris, Hachette*, 1881. Gros in 4 en feuilles, dans le cartonn. de l'éditeur.

Un des 100 ex. en vélin de cuve (nº 42).

249. **FROMENTIN** (Eug.). **SAHARA ET SAHEL**. I. Un été dans le Sahara. — II. Une année dans le Sahel. Edition illustrée de 12 eaux-fortes par Lerat, Courtry et Rajon, d'une héliogr., et de 45 gr. en relief d'après les tableaux, les dessins et les croquis d'Eugène Fromentin. *Paris, Plon*, 1879. In 4, dos et coins de maroq. rouge, dos orné, tête dor., non rog. *(Smeers)*.

Un des 100 exempl. d'artiste, sur papier vélin (nº 41). Les planches hors texte sont tirées sur chine et en quadruple état : avec la lettre, avant la lettre, à la sanguine et sur chine volant (ces 2 derniers états également avant la lettre).

250. GAFFAREL (Paul). L'Algérie. Histoire, conquête et colonisation. Ouvrage illustré de 4 chromolithogr., de 3 belles cartes en couleurs et de plus de 200 grav. sur bois (dont 22 hors texte). *Paris, F. Didot*, 1883. Gros vol. in 4, br., non rog., couv. impr.

Exemplaire en grand papier à la forme (nº 44), avec les chromos tirés sur japon et avant la lettre.

251. GALERIE historique de la Révolution française 1789-1793. Album de 50 portraits en pied des personnages les plus remarquables de cette grande époque, dessinés et gravés (sur acier) par les meilleurs artistes, accompagnés de 50 notices biographiques. *Paris, s. d.* Grand in 4, cart. toile, fers spéc., tr. dor.

252. **GALERIE DE FLORENCE** (La) **ET LE PALAIS PITTI**. Tableaux, statues, bas-reliefs et camées dessinés d'après Wicar et gravés sous la direction de C. L. Masquelier, avec les explications par Monguez. *Paris, F. Didot*, 1852. 4 tomes en 2 vol. in folio, cart., non rog. *Très nombreuses planches.*

253. LA GALLERIE DU PALAIS DU LUXEMBOURG, peinte par Rubens, dessinée par les Srs Nattier et gravée par les plus illustres graveurs du temps. *Paris, Duchange, s. d.* In plano, en feuilles, à toutes marges.

Reproduction exécutée par la chalcographie du Louvre, complète des 27 pièces de l'édition de 1710. Belles épreuves du début.

254. GALERIE DE RUBENS. Musée du Louvre. Galerie de Rubens, dite du Luxembourg, composée des 24 tableaux gravés sur acier par les premiers artistes, avec 1 beau portrait de Rubens dessiné par Le Clère, gravé par Benoist. Accompagnée de l'explication allégorique de chaque sujet, etc. *Paris. Willem, s. d.* 13 fasc. in folio, en feuilles dans leurs couvert.

Edition de grand luxe tirée à 100 ex. seulement, avec les pl. sur chine.

255. GARNIER (Ed.). Histoire de la verrerie et de l'émaillerie. Illustrations d'après les dessins de l'auteur. Gravure de Trichon. *Tours, Mame*, 1886. In 4, br., non rog., couv. impr.

Exempl. en grand papier de Hollande no 49, avec les pl. hors texte lithographiées et tirées sur Chine, avant la lettre.

256. GAUTIER (Théophile). Militona. 1 portrait et 10 compositions de Adrien Moreau, gravés par A. Lamotte. *Paris, Conquet*, 1887. In 8, br., non rog., couv. impr.

Papier vélin du Marais numéroté.

257. GAUTIER (Judith). — SAIONZI. Poëmes de la Libellule, traduits du japonais par Judith Gautier. Illustrés par Yamamoto. *Paris, Gillot.* In 4, br., non rog., couv. illust.

Exempl. sur papier du Japon no 307. Les illustrations sont à pleine page et coloriées.

258. GAUTIER. Le tombeau de Théophile Gautier. *Paris, Lemerre*, 1873. In 4, dos et coins maroq. brun, tête dor., non rog. (*Belz-Niedrée.*)

Papier de Hollande, portrait à l'eau-forte de Théo. Gautier.

259. **GAVARD. — GALERIES HISTORIQUES DE VERSAILLES,** publiées par ordre du Roi, sous la direction de MM. Gavard, Calamatta et Mercuri pour les gravures, etc. — Histoire de France servant de texte explicatif aux peintures et sculptures. *Paris, Gavard,* 1837 *et années suivantes.* En 10 vol. in folio et 4 tomes reliés en 2 vol. grand in 4, dos et coins chagr., tête dor., non rog., dos orné.

Exemplaire en papier vélin. Les 10 vol. in folio renferment exclusivement les gravures.

260. GAVARNI. La Mascarade humaine. 100 grandes compositions par Gavarni. Introduction par Ludovic Halévy. *Paris, Calmann Lévy,* 1881. In 4, cart. toile, fers spéc. de l'édit., tr. jasp.

261. **GAZETTE DES BEAUX-ARTS.** Courrier Européen de l'Art et de la curiosité. Rédacteur en Chef : Charles Blanc. De l'année 1859 (origine), à 1898. *Paris,* 1859-1898. Les années 1859 à 1894 incluses en 74 vol. in 4, dos et coins maroq. rouge, tête dor., non rog., jans. ; le reste en livraisons br., dans leur couvert., et 1 album in folio dans le carton. *Très nombreuses gravures.*

262. GERMAIN (Mgr), l'Abbé P. M. BRIN et Ed. CORROYER. Saint-Michel et le Mont Saint-Michel. Ouvrage illustré d'une photogr., de 4 chromolithogr. et de 200 gravures. *Paris, F. Didot,* 1880. In 4, dos et coins maroq. tête de nègre, tête dor., non rog., dos orné. *(Smeers).*

Un des 100 ex. sur papier à la forme (n° 74).

263. GŒTHE. Faust. Préface et traduction de H. Blaze de Bury, 11 eaux-fortes de Lalauze, gravures de Méaulle d'après Wogel et Scott. *Paris, Quantin,* 1880. En 1 vol. in 4, dos et coins maroq. tête de nègre, ornements en or et argent et mosaïque de cuir sur le dos, tête dor., non rog., couv. cons. (*Ch. Meunier*).

Bel exemplaire. Papier de hollande.

264. **GŒTHE. — FAUST.** Tragédie. Traduction d'Albert Stapfer, avec une préface par P. Stapfer. Dessins de J. P. Laurens gravés par Champollion. *Paris, Librairie des*

Bibliophiles, 1885. In 4, dos et coins maroq. grenat, tête dor., non rog., dos orné de mosaïques de cuir et de fers en or et argent, couv. conserv. *(Ch. Meunier)*.

Un des 100 ex. en grand papier de hollande (n° 62), avec le portrait et les eaux-fortes en double épreuve : avant la lettre et avec la lettre.

265. GOLDSMITH. Le Vicaire de Wakefield. (The Vicar of Wakefield). Traduit en français, avec le texte anglais en regard, par Ch. Nodier. Précédé...etc. *Paris, Bourguerelet*, 1838. In 8, br., non rog., couv. impr., texte encadré.

Frontispice, 10 pl. avec les pap. de garde et 100 vignettes sur bois.

266. **GOLDSMITH** (Oliver). **LE VICAIRE DE WAKEFIELD.** Traduction nouvelle et complète par B. H. Gausseron. *Paris, Quantin, s. d.* Grand in 8, br., non rog., couv. ill.

Un des 100 ex. en grand papier du japon (n° 45), avec illustrations en couleurs de Poirson.

267. GONCOURT (Ed. et J. de). L'amour au XVIIIe siècle. *Paris, Dentu*, 1875. Petit in 8 carré, dos et coins maroq. bleu, tête dor., non rog., dos orné. *(Smeers)*.

Tiré à petit nombre. Frontisp. à l'eau forte de Boilvin et encadrements de bois par Méaulle.

268. GONCOURT (Ed. et J. de). Sophie Arnould d'après sa correspondance et ses mémoires inédits. *Paris Dentu*, 1877. Petit in 4 ; dos et coins maroq. bleu, tète dor., non rog., dos orné de petits fers. (*Smeers*).

Texte encadré d'ornements sur bois. Portraits à l'eau-forte par Flameng.

269. GONCOURT (Ed. et J. de). Histoire de Marie-Antoinette. Edition ornée d'encadrements à chaque page par Giacomelli et de 12 planches hors texte *(dont un portrait gravé en couleur)*, reproductions d'originaux du XVIIIe siècle. *Paris, Charpentier*, 1878. In 4, dos et coins maroq. rouge, tête dor., non rog., dos orné de fleurs de lys. *(Mouveau et Lévesque)*.

270. GONCOURT (Ed. et J. de). L'art du XVIIIe siècle. 3me édition revue et augmentée, et illustrée de planches hors texte. *Paris, Quantin*, 1880-83. 2 vol. en 13 fasc. in 4. br., non rog., couv. impr.

Ces 13 fasc. en papier de hollande comprennent chacun une monographie isolée, et un catalogue de l'œuvre gravé du maître: Watteau, Chardin, Boucher, etc., et 5 grandes pl. hors texte en bistre et sanguine, en héliog.

271. GONCOURT (Ed. et J. de). Renée Mauperin. Edition ornée de 10 compositions à l'eau-forte par James Tissot. *Paris, Charpentier*, 1884. Grand in 8, br., non rog., couv. impr. *Papier de Hollande numéroté.*

272. **GONCOURT** (Ed. et J. de). **LA FEMME AU XVIIIe SIÈCLE.** Edition revue, augmentée et illustrée de 64 reproductions sur cuivre par Dujardin. *Paris, F. Didot*, 1887. In 4, dos et coins maroq. mauve, tète dor., non rog., dos orné en long, couv. cons. *(Ch. Meunier).*

Un des 75 ex. sur papier du japon (n° 29). Les planches de costumes sont coloriées et en double état. Bel exemplaire.

273. **GONCOURT** (Ed. et J. de). **MADAME DE POMPADOUR.** Edition revue et augmentée de lettres et documents inédits, illustrée de 55 reproductions sur cuivre par Dujardin et de 2 planches en couleur par Quinsac, d'après les originaux de l'époque. *Paris, F. Didot*, 1888. In 4, dos et coins maroq. bleu, tète dor., non rog., dos orné de fers fins, couv. cons. (*Ch. Meunier*).

Un des 75 ex. en grand papier du japon (n° 65), avec les planches avant la lettre.

274. GONCOURT (Ed. et J. de). Histoire de la Société Française pendant la Révolution. *Paris, Quantin*, 1889. In 4, dos et coins maroq. rouge, dos orné avec mosaïque de cuir, tète dor., non rog., couv. cons. ent.

Bel exemplaire. Très nombreuses et jolies reproductions noires et coloriées.

275. GONSE (Louis). L'Art ancien et l'Art moderne à l'exposition de 1878, par Ed. de Beaumont, Th. Biais, Ed. Bonnaffé, Fr. Darcel, etc. *Paris, Quantin*, 1879. 2 vol. in 4, dos et coins maroq. rouge, tête dor., non rog., dos orné. *(Smeers).*

Nombreuses planches hors texte sur chine et sur blanc, eaux-fortes, bois, etc. Bel exemplaire.

276. **GONSE** (Louis). **L'ART JAPONAIS.** *Paris, Quantin*, 1883. 2 vol. in folio, dans le cart. satin avec fers spéciaux en couleurs, non rog.

Un des 100 ex. en papier du japon (n° 31), illustré de 64 grandes planches noires et coloriées et de plus de 800 dessins dans le texte.

277. GONZALÈS (Emmanuel). Les Caravanes de Scaramouche. Avec une notice historique par Paul Lacroix. Eaux-fortes et vignettes par Henri Guérard. *Paris, Dentu*, 1881. In 12 carré, br., non rog., couv. illust.

278. GOSSELIN (E.). Documents authentiques et inédits pour servir à l'histoire de la marine normande et du commerce rouennais pendant les XVIe et XVIIe siècles. *Rouen, Boissel*, 1876. In 8, dos et coins de veau, tête dor., non rog. *Exempl. en grand papier vergé.*

279. GOURDAULT (Jules). La Suisse. Etudes et voyages a travers les 22 cantons. Ouvrage illustré de 750 gravures sur bois. *Paris, Hachette*, 1879-1880. 2 vol. in folio, maroq. gros vert, dent. int., tr. dor. *(Reliure de luxe de l'édit. avec l'écusson sur les plats.)* 1er tirage.

280. GOZLAN (Léon). Œuvres. Aristide Froissart. — Les émotions de Polydore Marasquin. Histoire de cent trente femmes. *Paris, Lemerre*, 1873-1875. 2 vol in 12. dos et coins maroq. bleu, genre Bradel, tête dor., non rog., jansén. *Portrait.*

281. GRAD (Charles). L'Alsace. Le pays et ses habitants. Ouvrage contenant 386 gravures et 17 cartes. *Paris, Hachette*, 1889. In 4, dos et coins chagr., tête dor., non rog., dos orné. *1er tirage.*

282. GRAND-CARTERET (J.). Les mœurs et la caricature en Allemagne, en Autriche, en Suisse. *Avec préface* de Champfleury. Ouvrage illustré de 3 pl. en couleur, 20 pl. hors texte, 314 vignettes de portraits et de titres de journaux. *Paris, Westhausser*, 1885. In 4, br., non rog., couv. ill.

283. GRAND-CARTERET (John). XIXe siècle (en France). Classes, mœurs, usages, costumes, inventions. Ouvrage

illustré d'un frontispice chromotypographique, de 16 planches coloriées aux patrons, de 36 en-têtes et lettres ornées et de 487 gravures (dont 24 tirées hors texte). *Paris*, *F. Didot*, 1893. In 4, dos et coins chagr. rouge. tête dor., non rog., dos orné. (*Ritter*.)

Ouvrage terminant la série des « Paul Lacroix. »

284. GRANDS PEINTRES français et étrangers. Ouvrage d'art publié avec le concours artistique des maîtres. Texte par les principaux critiques d'art. *Paris*, *Launette et Goupil*, 1886. 2 tomes en 8 parties. Chaque partie en feuilles dans le cart. ill. de l'édit.

Très bel ouvrage orné de 120 photogravures tirées à part.

285. GRANDVILLE, Scènes de la vie privée et publique des animaux. Vignettes par Grandville. Etudes de mœurs contemporaines publiées sous la direction de P. J. Stahl, avec la collaboration de MM. de Balzac, L. Baude, E. de la Bédollière, P. Bernard, J. Janin, etc. *Paris*, *Hetzel et Paulin*, 1842. 2 vol. grand in 8, dos chagr. violet, tête dor., ébarbés.

Exempl. de 1er tirage, très légères rousseurs.

286. GRANDVILLE. Un autre monde. Transformations, visions, incarnations, ascensions, etc. *Paris*, *Fournier*, 1844. Grand in 8, cart. dos toile.

Exempl. de 1er tirage, dos décollé, légères rousseurs.

287. GRANDVILLE. Les métamorphoses du jour. Accompagnées d'un texte par MM. Alb. Second, Louis Lurine, Cl. Caraguel, Taxile Delord, etc. Précédées d'une notice sur Grandville par Ch. Blanc. *Paris*, *Havard*, 1854. In 8, dos chagr., tr. jasp.

70 Planches gravées sur bois et coloriées à l'aquarelle.

288. GRAVURES NORMANDES. Lot de 18 pièces, formats divers, avec leurs marges.

Nicolle. Le vieux Rouen. 1 titre gravé et 10 pièces à l'eau-forte. — *A. Ballin.* Le Vieux Rouen. 5 pièces à l'eau-forte. — *Max. Lalanne.* Le port de Rouen. Grande pièce d'état sur japon, signée de l'auteur, 1884, (nº 3). — Grand plan du Havre à vol d'oiseau, colorié, par *Hugo d'Alèsi.*

289. GRESSET. Ver-Vert, ou les voyages du perroquet de la Visitation de Nevers. Poème héroï-comique en quatre chants. Nouvelle édition publiée par Georges d'Heylli. Portrait et eaux-fortes de MM. Guillaumot père et fils. *Paris*, *Rouquette*, 1877. Grand in 8, dos et coins chagr., tête dor., non rog., dos orné. *Papier vergé.*

290. GRÉVIN. La petite poste des amoureux. Nouveau secrétaire galant contenant des modèles de lettres, de déclarations, de reproches, etc., complété par le guide du mariage, etc. Illustré de 150 dessins par Grévin. *Paris*, *Lefèvre*, *s. d.* Petit in 8, dos et coins chagr., tête dor., non rog., dos orné, couv. ill. cons.

Tiré à 250 ex. sur papier de hollande (nº 164).

291. **GRUEL** (Léon). **MANUEL HISTORIQUE** et bibliographique de l'amateur de reliures. *Paris*, *Gruel et Engelmann*, 1887. In 4, br., non rog., couv. ill.

Exempl. en papier vélin de Rives, numéroté. Très nombreuses et jolies reproductions hors texte en chromolithog. et en héliog.

292. GUÉRANGER (Dom). Sainte Cécile et la Société Romaine aux deux premiers siècles. Ouvrage contenant 2 chromolithogr., 5 planches en taille-douce et 250 gravures sur bois. *Paris*, *F. Didot*, 1874. In 4, dos et coins maroq. rouge, tête dor., non rog., dos orné de petits fers. (*Smeers.*)

Exemplaire en grand papier à la forme (nº 54), planches sur chine.

293. GUÉRIN (Victor). La Terre Sainte. Son histoire, ses souvenirs, ses sites, ses monuments. *Paris*, *Plon*, 1882-84. 2 vol. in folio, br., non rog., couv. ill.

Très bel ouvrage illustré de 40 planches gravées en taille-douce, de 600 gravures sur bois et de 3 grandes cartes impr. en couleurs, *1er tirage.*

294. GUERRE 1870-71. La guerre franco-allemande de 1870-71. Rédigée par la section historique du grand état-major prussien. Traduction par le capitaine E. Costa de Serda. 1re partie : Histoire de la guerre jusqu'à la chute de l'empire. 2me partie : Histoire de la guerre contre la République. *Paris*, *Ghio*, *Berlin*, 1872-82. En 19 fasc. in-8, br., non rog., couv. impr. (Manque fasc. 3 de la 1re partie.) *Cartes nombreuses.*

295. GUIFFREY (Georges). Lettres inédites de Dianne de Poytiers. Publiées d'après les manuscrits de la Bibliothèque Impériale, etc. *Paris, Vve J. Renouard*, 1866. In 8, dos maroq. citron, tête dor., non rog., dos orné et mosaïqué. (*Lacornée*).

Papier vergé, avec les portraits et vignettes sur chine et les fac-similés.
Envoi autogr. de l'auteur à M. Cocheris. *Ex-libris Cocheris.*

296. GUIFFREY (Jules). Histoire de la Tapisserie depuis le Moyen-Age jusqu'à nos jours. *Tours, Mame*, 1886. In 4, br., non rog., couv. impr.

Un des 65 ex. en grand papier de hollande (nº 64), avec le frontispice et les planches coloriées tirés sur chine avant la lettre, et de nombreuses reproductions sur bois dans et hors le texte.

297. GUILLEMIN (Amédée). Le ciel. Notions élémentaires d'astronomie physique. 5me édition, etc., contenant 62 grandes planches dont 22 tirées en couleur et 361 vignettes insérées dans le texte. *Paris, Hachette*, 1877. In 4, dos et coins de chagr., tête dor., non rog., dos orné.

298. GUILLEMIN (Amédée). Le monde physique. La pesanteur et la gravitation universelle, le son. — La lumière. — Le magnétisme et l'électricité. — La chaleur. — *Paris, Hachette*, 1881-84. 4 vol. in 4, br., non rog., couv. impr.

Nombreuses illustrations en noir et en couleur.

299. GUILMARD (D.). Les maîtres ornemanistes. Dessinateurs, peintres, architectes, sculpteurs et graveurs. Ecoles française, italienne, allemande, et des Pays-Bas, etc. Publication enrichie de 180 planches tirées à part et de nombreuses gravures dans le texte, etc. Introduction par M. le Baron Davillier. Texte et planches. *Paris, Plon*, 1880. 2 vol. in 4, dos et coins maroq. gros vert, tête dor., non rog., dos orné d'une composition originale, couv. conserv. (*Ch. Meunier*).

300. GUIZOT. L'Histoire de France depuis 1789 jusqu'en 1848, racontée à mes petits-enfants. Leçons recueillies par Mme de Witt, née Guizot. *Paris, Hachette*, 1878. 2 vol. in 4, br., non rog., couv. ill. *Ouvrage illustré de 220 gravures sur bois.*

301. GUIZOT. L'histoire d'Angleterre depuis les temps les plus reculés jusqu'à l'avènement de la reine Victoria, racontée à mes petits enfants par M. Guizot et recueillie par Mme de Witt, née Guizot. *Paris, Hachette*, 1877-78. 2 vol. in 4, dos et coins maroq. rouge, tête dor., non rog., dos orné de petits fers. (*Smeers*.)

Illustré de 199 grav. sur bois, 1er tirage.

302. HALÉVY (Ludovic). L'Abbé Constantin. Illustré par Mme Madeleine Lemaire. *Paris, Boussod-Valadon*, 1887. Gr. in 4, br., non rog., couv. impr. *Papier vélin.*

303. HALÉVY (Lud.). Récits de guerre. L'Invasion 1870-1871. Dessins par L. Marchetti et Alf. Paris. *Paris, Boussod-Valadon, s. d.* Grand in 4, dos et coins chagr. rouge, tête dor., non rog., couv. ill. conservée (*Durvand-Thivet*).

Nombreuses illust. noires et coloriées.

304. HAMILTON (Antoine). Mémoires du Comte de Grammont. Histoire amoureuse de la Cour d'Angleterre sous Charles II. Réimpression conforme à l'édition princeps (1713). Préface et notes par Benj. Pifteau. Frontisp., 6 eaux-fortes par J. Chauvet, lettres, fleurons et culs-de-lampe par Léon Lemaire. *Paris, Bonnassies*, 1876. Petit in 8, dos et coins maroq. Lavallière clair, tête dor., non rog., dos orné de petits fers (*Smeers*).

Papier de Hollande avec les eaux-fortes avant la lettre.

305. HAMILTON (Ant.). Mémoires du Chevalier de Grammont. Introduction et notes par M. de Lescure. *Paris, Jouaust*, 1876. In 8, br., non rog., couv. impr. *Grand papier de Hollande numéroté.* Manque le portrait.

306. **HARAUCOURT** (Edm.). **L'EFFORT**. La Madone. — L'Antechrist. — La fin du monde. *A Paris, publié pour les Sociétaires de l'Académie des Beaux-Livres (Bibliophiles contemporains)*, 1894. In 4, br., non rog., couv. illust.

Edition tirée à 160 ex. seulement pour les membres de la société (*no 107, M. Arthur Noël*), et non mis dans le commerce. Illustrations de Carlos Schwabe, Lunois, Courboin, etc.

307. **HAVARD** (Henry). **HISTOIRE DE LA FAIENCE DE DELFT.** Ouvrage enrichi de 25 planches hors texte et de plus de 400 dessins, fac-simile, chiffres, etc. dans le texte, par Léop. Flameng et Ch. Goutzwiller. Chromolithogr. par Lemercier. *Paris, Plon*, 1878. 2 vol. in 4, dos maroq. rouge, tête dor., non rog., dos orné, couv. cons.

Grand papier de Hollande (n° 10), avec les gravures en double état *avec et avant la lettre.*

308. HAVARD (Henry). L'art et les artistes hollandais. *Paris, Quantin*, 1879-1881, 4 vol. gr. in 8, br., non rog., couv. ill.

Portraits, eaux-fortes et fac-similés.

309. HAVARD (Henry). L'art dans la maison. (Grammaire de l'ameublement). Illustrations de MM. Corroyer, C. David, E. Prignot, Favier, Fichot, etc. *Paris, Rouveyre et G. Blond*, 1884. In 4, dos et coins de maroq. bleu, tête dor., non rog., dos orné, couv. cons.

Bel exemplaire. Nombreuses gravures et planches noires et coloriées.

310. HAVARD (Henry). La France artistique et monumentale. Publié avec la collaboration de MM. J. Cousin, L. de Fourcaud, Ph. Gille, L. Gonse, etc. *Paris, Librairie Illustrée, s. d.* 3 vol. in 4, br., non rog., couv. ill. *Très nombreuses illustrations.*

311. HAVARD (Henry). Dictionnaire de l'ameublement, de la décoration, depuis le XIIe siècle jusqu'à nos jours. Ouvrage illustré de 256 planches hors texte et de plus de 2,500 gravures dans le texte. *Paris, Quantin. s. d.* 4 vol. in 4, br., non rog., couv. impr. *Gravures noires et coloriées.*

312. **HAVRE D'AUTREFOIS** (Le). Reproductions d'anciens tableaux, dessins, gravures et antiquités se rattachant à l'histoire de cette ville. 65 grandes pl., 71 grav. et fac-similé d'autographes dans le texte. Eaux fortes par J. Adeline, A. Boulard, Brunet-Debaines, L. Flameng, etc. Texte par Ch. Rœssler. *Le Havre, Lemâle*, 1883. Grand in 4, maroq. rouge, 3 filets sur les plats, dos orné de petits fers, large dent. int., tête dor., non rog., chemise et étui *(Canape).*

Exemplaire de chapelle, sur japon, sans numéro, **imprimé pour l'éditeur lui-même,** avec les planches avant la lettre. Acheté par M. A. Noël à la vente de l'éditeur.

313. **HAVRE D'AUTREFOIS** (Le). Reproductions d'anciens tableaux, dessins, gravures et antiquités se rattachant à l'histoire de cette ville. 65 grandes planches, 71 gravures et fac-similé d'autogr. dans le texte. Eaux-fortes par J. Adeline, A. Boulard, Brunet-Debaines, etc. Texte par Ch. Rœssler. *Le Havre,* 1883. Grand in 4, en fasc. br., dans leurs couvert.

Un des 15 ex. en grand papier du japon (n° 3), imprimé spécialement pour M. A. Noël, avec les eaux-fortes avant la lettre.

314. HAVRE (Le). 1re vue de la ville du Hâvre de Grâce, gravée par Martinet fils. 1779. In plano, grandes marges. — Le bassin du Havre, vu du bureau des constructions. *Ozanne et Le Gouaz.* In 4 à toutes marges.

315. HELVETIUS. Traité de l'esprit. *Paris, Dalibon,* 1827. 2 vol. in 8, cart. non rog. *(Rousseurs).*

Exempl. en grand papier de chine tiré in-4.

316. HEPTAMÉRON. Les sept journées de la Reine de Navarre, suivies de la huitième (édition de Claude Gruget, 1559). Notice et notes par Paul Lacroix, index et glossaire. Planches à l'eau forte par Flameng. *Paris, Jouaust,* 1872. 4 vol. in 12, dos et coins maroq. citron, tête dor., non rog., dos orné de petits fers (*Belz-Niédrée*).

317. HERCULANUM et POMPÉI. Recueil général des peintures, bronzes, mosaïques, etc. découverts jusqu'à ce jour. Augmenté de sujets inédits gravés au trait, sur cuivre, par H. Roux aîné et accompagné d'un texte explicatif par L. Barré. *Paris, F. Didot,* 1875-1877. 8 vol. grand in 8, cart., non rog.

L'ouvrage contient près de 800 planches et est complet du *Musée secret.*

318. HÉRICAULT (Ch.). La Révolution. 1789-1882. Appendices par Emm. de St Albin, Victor Pierre et Albert Loth. *Paris, Dumoulin,* 1883. In 4, dos et coins maroq. rouge, ornements en or et argent et mosaïque de cuir sur le dos, tête dor., non rog., couv. cons.

Bel exemplaire, tiré à 150 ex. sur vélin de cuve (n° 28).
Très nombreuses reproductions de gravures, portraits et fac-similés.

319. HERVEY (T. K.). Illustrations of modern sculpture. A serie of engravings, with descriptive prose, and illustrative poetry. *London, Relfe and Fletcher*, 1834. Grand in 4, cart. dos toile.

Nombreuses planches sur acier tirées sur papier de chine.

320. HEYLLI (Georges d'). Journal du siège de Paris. Décrets, proclamations, circulaires, rapports, etc. *Paris, Librairie générale*, 1874. 3 vol. in 8, dos et coins parch. blanc, ornements et titres peints à la main sur le dos, tête rouge, non rog.

321. HIPPEAU (C.). Les cahiers de 1789. Normandie. *Paris, Aubry*, 1869. 2 vol. grand in 8, dos et coins veau lisse, dos orné, tête dor., non rog.

322. **HISTOIRE DES QUATRE FILS AYMON**, très nobles et très vaillans chevaliers. Illustrée de compositions en couleurs par Eug. Grasset ; grav. et impr. par Charles Gillot ; introd. et notes par Charles Marcilly. *Paris, Launette*, 1883. In 4, br., non rog., couv. illust.

323. HOFF (Major). Les grandes manœuvres. Illustrations de Ed. Detaille. *Paris, Boussod, Valadon*, 1884. In fol., cart. ill., dos et coins toile, tête jasp., non rog. *Illustrations en noir et en couleur.*

324. HORACE. Œuvres. Traduction nouvelle par **Leconte de Lisle**, avec le texte latin. *Paris, Lemerre*, 1873. 2 vol. in 12, maroq. Lavallière, trois filets sur les plats, dos orné, large dent. int., tr. dor. sur marbrure. (*Smeers*).

Papier de hollande, avec frontispice.

325. HORACE. Traduction en vers par le Comte Siméon. *Paris, Jouaust*, 1873. 3 vol. in 8, br., non rog., couv. impr.

Papier de hollande. Frontisp., en-têtes et culs-de-lampe à l'eau-forte.

326. HOUSSAYE (Arsène). Les Comédiennes de Molière. *Paris, Dentu*, 1879. In 8, dos et coins maroq. rouge, tête dor., non rog., dos orné. (*Smeers*).

Papier vergé (nº 344), avec les 10 portraits à l'eau-forte avant la lettre.

327. HOUSSAYE (Arsène). La Comédie Française. 1680-1880. *Paris, Baschet*, 1880. En 33 livr. in folio, dans leurs couvert.

Papier de hollande. Chaque livraison contient une photogravure, tirée sur chine, représentant un des Sociétaires de la Comédie française. Reproductions de portraits et gravures, etc.

328. HOUSSAYE (Arsène). Molière, sa femme et sa fille. *Paris, Dentu*, 1880. In folio, br., non rog., couv. illustr.

Exemplaire en papier de hollande au lys.
L'ouvrage est orné d'eaux-fortes par Laguillermie et Monsanto, de têtes de pages et culs-de-lampe, tirés en sanguine ou gravés à l'eau-forte, de reproductions de portraits et de gravures, etc.

329. HOUSSAYE (Arsène). Les Confessions. Souvenirs d'un demi-siècle. 1830-1880. *Paris, Dentu*, 1885-1891. 6 vol. grand in 8, dos et coins maroq. crème, tête dor., non rog., dos orné et mosaïqué, couv. cons. (*Ch. Meunier*).

Bel exempl. en papier du japon, avec les portraits et vignettes.

330. HUGO (V.). Notre-Dame de Paris. Edition illustrée d'après les dessins de M. M. E. de Beaumont, L. Boulanger, Daubigny, T. Johannot, etc., gravés par les artistes les plus distingués. *Paris, Perrotin*, 1844. Gr. in 8, demi chagr., tr. jasp., dos orné.

Ouvrage illustré de 55 grav. sur acier et sur bois hors texte, et d'un grand nombre de bois dans le texte.

331. HUGO (Victor). Le livre d'or de Victor Hugo, par l'élite des artistes et des écrivains contemporains. Direction de Emile Blémont. *Paris, Launette*, 1883. En 40 fasc. in 4, en feuilles dans leurs couvertures.

Exempl. en grand papier de hollande numéroté, avec les gravures avant la lettre.

332. HUGO (Victor). Ruy Blas. Drame en cinq actes. 1 portrait et 15 compositions d'Adr. Moreau gravés à l'eau-forte par Champollion. *Paris*, *L. Conquet*, 1889. Grand in 8, br., non rog., couv. impr.

Papier vélin du marais numéroté.

333. HUGO (Victor). Hernani. Drame en cinq actes. 1 portrait d'après Devéria et 15 compositions de Michelena gravés à l'eau-forte par Boisson. *Paris*, *L. Conquet*, 1890. Grand in 8, br., non rog., couv. imp.

Papier vélin du marais numéroté.

334. **HUGO** (Victor). **ŒUVRES COMPLÈTES**. Edition définitive Hetzel-Quantin, d'après les manuscrits originaux (y compris les Œuvres inédites, édition princeps). *Paris*, *Hetzel-Quantin*. En 58 vol. grand in 8, br., non rog., couv. impr.

Grand papier de hollande numéroté. Edition *Ne Varietur*.

335. HUGO (Victor). Suites complètes pour illustrer les Œuvres, en feuilles.

1° 100 eaux-fortes de Fr. Flameng, *édition Hébert*. Tirage in 4 sur papier du japon, *avant la lettre ;*

2° 10 eaux-fortes pour les *Châtiments*, par Guérard. Epr. grand in 8 sur hollande, *avant la lettre*.

3° 10 eaux-fortes de Guérard, pour *Napoléon le Petit*. Epr. grand in 8 sur hollande, *avant la lettre*.

336. **IMITATION DE JÉSUS-CHRIST**. Traduction de Marillac. — Appendice à l'Imitation. *Paris*, *Curmer*, 1856-1858. En 2 vol. in 4, maroq. vieux rouge, plats ornés au petit fer, doublure et garde de soie moirée, large dent. int., tr. dor., le tout monté sur onglets (*Capé*).

Bel exemplaire, reliure uniforme, orné de grandes miniatures à pleine page ; chaque page du texte est encadrée de larges bordures coloriées et rehaussées d'or et d'argent, le tout dans le genre des missels anciens.

Exemplaire de Ch. Cousin, avec son ex-libris imprimé, et auquel on a joint une *superbe épreuve sur japon du grand ex-libris* gravé à l'eau-forte et finement colorié.

337. **IMITATION DE JÉSUS-CHRIST**. Traduction de F. de Lamennais. Historique de l'ornementation des manuscrits et explication des planches par H. Michelant.

Paris, Gruel et Engelmann, s. d. 2 vol. in folio en feuilles dans le cart. de l'édit.

Très belle publication, exempl. numéroté. Chaque page est encadrée d'une large bordure, miniatures coloriées et rehaussées d'or et d'argent, lettres ornées, etc., nombreuses planches coloriées tirées à part, texte gothique, le tout dans le genre des manuscrits anciens.

338. **JACQUE** (Ch.). Suite de 29 eaux-fortes de Ch. Jacque : scènes champêtres, animaux, etc. Epr. tirées sur chine monté et avant la lettre.

339. JANIN (J.). Les petits bonheurs. Illustrations de Gavarni. *Paris, Morizot, s. d.* Gr. in 8, dos et coins cuir de Russie, tête dor., ébarbé, dos orné. Exemplaire lavé et encollé.

340. JANIN (J.). La Révolution française. Ouvrage dirigé et publié par J.-G.-D. Armengaud. *Paris, Lahure*, 1862-65. 2 vol. in fol., demi chagr., tr. jasp.

Nombreux portraits et illustrations sur bois.

341. JANIN (Jules). Œuvres diverses. Edition de luxe, tirage spécial d'amateurs, orné, par vol., d'une eau-forte de M. Hédouin. *Paris, Jouaust.* 15 vol. in 8, br., non rog., couv. impr.

Exempl. en grand papier de hollande : L'Ane mort, 1 vol. — Mélanges et variétés, 2 vol. — Contes et nouvelles, 2 vol. — Critique dramatique, 4 vol. — Correspondance, 1 vol. — Barnave, 2 vol. — Horace, traduction avec une étude sur Horace, 2 vol. — Deburau, histoire du théâtre à 4 sous. Préface par A. Houssaye, 1 vol.

342. JARDIN DES PLANTES (Le). Description complète histor. et pittor. du Muséum d'histoire naturelle : ménagerie, serres, galeries de minéralogie et d'anatomie, etc., par MM. P. Bernard, L. Couailhac, Gervais et Emm. Lemaout, etc., 1re partie. — Oiseaux, reptiles, poissons, insectes et crustacés, par le Dr Emm. Lemaout, 2me partie. — *Paris, Curmer*, 1842-43. 2 vol. gr. in 8, dos et coins chagr., tr. jasp., dos orné. (*Rousseurs.*)

1er tirage des vignettes dans et hors le texte, d'après Harvey, Gavarni, etc.

343. JONGKIND. Cahier de 6 eaux-fortes, vues de Hollande, par Jongkind. *Paris, Delâtre*, 1862. Suite complète de 1 titre gravé et 6 pièces in folio sur pap. de hollande, avant la lettre.

344. JULLIEN (Adolphe). Histoire du costume au théâtre, depuis les origines du théâtre en France jusqu'à nos jours. Ouvrage orné de 27 gravures et dessins originaux, *Paris, Charpentier*, 1880. In 4. br., non rog., couv. imp. *Gravures noires et coloriées.*

345. JULLIEN (Adolphe). La comédie à la cour. Les théâtres de la société royale pendant le siècle dernier. *Paris, Didot*, 1883. In 4, br., non rog., couv. ill.

Exempl. sur papier de hollande n° 56, contenant 8 grav. en taille-douce, eaux-fortes, et 18 grav. sur bois, tirées en double état, sanguine avant la lettre, et noir.

346. JULLIEN (Adolphe). Richard Wagner, sa vie et ses œuvres. Ouvrage orné de 14 lithographies originales par M. Fantin-Latour, 15 portraits de Richard Wagner, de 4 eaux-fortes et de 120 gravures, scènes d'opéras, caricatures, vues de théâtres, autographes, etc. *Paris, librairie de l'art*, 1886. Gr. in 4, br., non rog., couv. impr.

347. JUNQUIÈRES. Caquet-Bonbec, la poule à ma tante. Poème badin. *S. l.* (*Paris*), 1785. In 18, bas., dos orné.

Vignette, en-têtes et culs-de-lampe de Marillier, gravés par De Ghendt, Née, Longueil, etc.

348. KEEPSAKE FRANÇAIS. Paris-Londres, 1839. Nouvelles inédites, illustrées par des vignettes gravées à Londres par les premiers artistes. *Paris, Delloye*, 1839. 24 livraisons en 14 fascicules grand in 8, dans leurs couv. de livr., renfermées dans la couvert. du vol. Papier fort.

349. KEEPSAKE. Paris-Londres. Années 1837 et 1838. 3 frontisp. et 71 gravures sur acier. Jolies épreuves in 8.

350. KLEIST (Henri de). La cruche cassée. Comédie en un acte, traduite de l'allemand par Alf. de Lostallot. Avec 34 illust. gravées sur bois d'après les compositions orignales de Adolphe Menzel. *Paris, F. Didot*, 1884. In 4, cart. illust. de l'édit., non rog.

351. KRÜDENER (Mme de). Valérie. Préface de Parisot. Eaux-fortes de M. Leloir. Variantes et bibliographie. *Paris, Quantin*, 1878. In 8, dos et coins maroq. Lavallière clair, tête dor., non rog., dos orné de petits fers et mosaïqué, texte encadré. (*Smeers*).

Portrait, eaux-fortes et fac-simile. De la petite Bibliothèque de luxe des romans célèbres.

352. LABICHE (Eug.). Théâtre complet. Avec une préface par Emile Augier. *Paris, Calmann Lévy*, 1889-1890. 10 vol. in 12, dos et coins chagr. rouge, tête dor., non rog., dos orné.

353. **LABORDE** (M. de). **CHOIX DE CHANSONS** mises en musique par M. de Laborde. Ornées d'estampes en taille-douce. *Rouen, Lemonnyer*, 1881. 4 vol. in 4, en feuilles, dans l'emboîtage de l'éditeur.

Papier vélin numéroté. Réimpression de l'édition de 1773, avec les estampes de J. M. Moreau, tirées en double état, bistre et noir.

354. LA BRUYÈRE. Les caractères. Réimpression de l'édition de 1696, précédée d'une introduction par Louis Lacour, et publié par les soins de D. Jouaust. *Paris. Jouaust*, 1873. In 8, maroq. vert, compart. de fil. à la Du Seuil, large dent., int., dos orné de petits fers, tr. dor. sur marb. (*Smeers*).

Exempl. sur papier whatman numéroté, avec un portrait avant la lettre gravé par Flameng.

355. LACROIX (Paul). Mœurs, usages et costumes au Moyen âge et à l'époque de la Renaissance. Ouvrage illustré de 15 pl. chromolithog. exécutées par F. Kellerhoven et de 440 grav. *Paris, Didot*, 1877. In 4, dos et coins maroq. rouge, tête dor., non rog., dos orné (*Smeers*).

Un des 100 exempl. en papier à la forme, no 37.

356. LACROIX (Paul). Les arts au Moyen âge et à l'époque de la Renaissance. Ouvrage illustré de 20 pl. chromolithog. exécutées par F. Kellerhoven, et de 400 grav. sur bois. *Paris, Didot*, 1877. In 4, dos et coins maroq. rouge, tête dor., non rog., dos orné. (*Smeers*).

Un des 100 exempl. en papier à la forme, nº 90.

357. LACROIX (Paul). Sciences et lettres au Moyen âge et à l'époque de la Renaissance. Ouvrage illustré de 13 chromolithog., exécutées par Compère, Daumont, Pralon et Werner et 400 grav. sur bois. *Paris, Didot*, 1877. In 4, dos et coins de maroq. rouge, tête dor., non rog., dos orné. (*Smeers*).

Un des 100 exempl. en papier à la forme, nº 37.

358. LACROIX (Paul). Vie militaire et religieuse au Moyen âge et à l'époque de la Renaissance. Ouvrage illustré de 14 chromolithog. exécutées par F. Kellerhoven, Régamey et L. Allard et de 410 fig. sur bois gravées par Huyot père et fils. *Paris, Didot*, 1877. In 4, dos et coins maroq. rouge, tête dor., non rog., dos orné. (*Smeers*).

Un des 100 exempl. en papier à la forme, nº 94.

359. LACROIX (Paul). XVIIe siècle. Lettres, sciences et arts. France 1590-1700. Ouvrage illustré de 17 chromolithog. et de 300 grav. sur bois (dont 16 tirées hors texte), d'après les monuments de l'art de l'époque. *Paris, Didot*, 1882. In 4, dos et coins maroq. grenat, dos orné, tête dor., non rog., couv. cons. (*Ch. Meunier*).

Exempl. en grand papier numéroté, planches sur chine.

360. LACROIX (Paul). XVIIe siècle. Institutions, usages et costumes. France 1590-1700. Ouvrage illustré de 16 chromolithogr. et de 300 grav. sur bois (dont 20 tirées hors texte), d'après les monuments de l'art de l'époque. *Paris, Didot*, 1880. In 4, dos et coins maroq. grenat, dos orné, tête dor., non rog., couv. cons. (*Ch. Meunier*).

Exempl. en grand papier nº 49. Planches sur chine.

361. LACROIX (Paul). XVIIIe siècle. Institutions, usages, et costumes. France 1700-1789. Ouvrage illustré de 21 chromolithog. et de 350 grav. sur bois, d'après Watteau, Vanloo, Rigaud, etc. *Paris, Didot*, 1875. In 4

maroq. rouge, compart. de filets à la Du Seuil, large dent. int., dos orné, tr. dor. (*Smeers*).

Superbe exempl. en grand papier numéroté, planches sur chine.

362. LACROIX (Paul). XVIIIe siècle. Lettres, sciences et arts. France 1700-1789. Ouvrage illustré de 16 chromolithog. et 250 grav. sur bois (dont 20 tirées hors texte), d'après Watteau, Vanloo, Largillière, etc., *Paris, Didot*, 1878. In 4 maroq. rouge, compart. de filets à la Du Seuil, large dent. int., dos orné, tr. dor. (*Smeers*).

Superbe exempl. en grand papier numéroté, planches sur chine.

363. LACROIX (Paul). Directoire, Consulat et Empire. Mœurs et usages, lettres, sciences et arts. France. 1795-1815. Ouvrage illustré de 12 chromolithog. et de 410 grav. sur bois. *Paris, F. Didot*, 1884. In 4, dos et coins maroq. bleu, ornements dorés et mosaïques de cuir sur le dos, tête dor., non rog., couv. cons. (*Ch. Meunier*).

Bel exempl. en grand papier (n° 27).

364. LA FAYETTE (Mme de). La princesse de Clèves. Préface de H. Taine. Eaux-fortes de F. Masson. Variantes et bibliographie. *Paris, Quantin*, 1878. In 8, dos et coins maroq. vert, tête dor., non rog.. dos orné de petits fers, texte encadré. (*Smeers*).

Portrait, eaux-fortes et fac-simile. De la petite Bibliothèque de luxe des romans célèbres.

365. LA FAYETTE (Mme de). La princesse de Clèves. Préface par Anatole France. Un portrait et 12 compositions de Jules Garnier. gravés par A. Lamotte. *Paris, Conquet*, 1889. Petit in 8, br., non rog., couv. impr.

Exempl. sur vélin du Marais, numéroté.

366. LA FONTAINE (M. de). Fables choisies, mises en vers par M. de La Fontaine. avec notice par Alph. Pauly. *Paris, Lemerre*, 1868. 2 vol. in 12, maroq. bleu, 3 fil. sur les plats, larg. dent. int., dos orné, tr. dor. sur marb. (*Smeers*).

Exempl. en papier de fil complet de la suite des 72 eaux-fortes d'après Oudry, gravées par Courtry, Greux, Lemaire, Le Rat, Martinez, etc.

367. LA FONTAINE. Fables, illustrées à l'eau-forte par A. Delierre. *Paris*, *Quantin*, 1883. 13 fasc. in 4, br., non rog., couv. impr.

Papier de hollande. L'ouvrage contient 75 eaux fortes tirées à part.

368. LA FONTAINE. Fables. Réimprimées sur l'édition de 1678-1694, et précédées de recherches sur les fables de La Fontaine par M. Paul Lacroix. Portrait gravé à l'eau-forte par L. Flameng. *Paris*, *Jouaust*, 1875. 2 vol. in 8, br. non rog., dans les cartons de l'édit.

Un des 100 ex. en grand papier whatman (n° 122).

369. LA FONTAINE. Suites complètes de figures pour illustrer les Fables. En feuilles.

1° 12 figures de Moreau gravées par divers, tirées pour l'*édition Lefèvre*, 1814.

2° 72 eaux fortes d'après Oudry, gravées par divers, *édition Lemerre*, marges in 4. Grand papier de chine avant la lettre.

3° 51 eaux-fortes de V. Foulquier, tirage à part, sur chine, remontées sur feuilles de bristol, avant la lettre, marges in folio. *Edit. Mame.*

4° 12 eaux-fortes de Daubigny, Detaille, etc., gravées par divers, édition des 12 peintres (Jouaust), in 4.

370. LA FONTAINE. Contes et nouvelles en vers. *Amsterdam*, 1762. 2 vol. in 8, veau porphyre, fil., dos orné, pet. dent. int., tr. dor.

Portraits, figures, vignettes et culs-de-lampe par Eisen, etc.

Bien que portant la date de 1762, cette réimpression des « Fermiers généraux » date de 1792.

371. LA FONTAINE. Contes et nouvelles en vers. Texte original avec notes par Alph. Pauly. *Paris*, *Lemerre*, 1868. 2 vol. in 12, maroq. bleu, trois fil. sur les plats, dos orné, large dent. int., tr. dor. sur marbrure (*Smeers*).

Papier de hollande, avec 1 portrait avant la lettre et une suite de 40 eaux-fortes d'après Fragonard, Lancret, Pater, etc.

372. LA FONTAINE (M. de). Contes et nouvelles en vers. *Paris*, *Barraud*, 1874. 2 vol. in 8, maroq. olive, 3 fil. sur les plats, large dent. int., dos orné de petits fers, tr. dor. sur marb. (*Smeers*).

Exempl. en papier vergé numéroté. Réimpression de l'édition dite des fermiers généraux, avec 85 pl. par Eisen, en-têtes et culs-de-lampe.

373. LA FONTAINE (Jean de). Contes et nouvelles en vers. *Rouen, Lemonnyer*, 1879. 2 vol. in 8, maroq. tête de nègre, compart. de fil. à la Du Seuil, large dent. int., dos orné de petits fers, tr. dor. sur marb. (*Smeers*).

Exempl. sur papier whatman (nº 89). Portrait avant la lettre et vignettes d'après Duplessis-Bertaux.

374. LA FONTAINE. Contes de La Fontaine, avec illustrations de Fragonard. Réimpression de l'édition de Didot, 1795, revue et augmentée d'une notice par M. A. de Montaiglon. *Paris, Lemonnyer*, 1883. 2 tomes en 4 vol., in 4, dos et coins maroq. rouge, tête dor., non rog., dos orné, couv. cons. (*Ch. Meunier*).

Bel exemplaire, dans une jolie reliure, de l'édition d'amateurs tirée à 100 ex. sur vélin de cuve (nº 215), avec la suite de Fragonard en double état, avec et avant la lettre.

On y a joint la « *Suite d'Estampes d'après Lancret, Pater, Eisen, Boucher, etc., 38 planches et 2 vignettes gravées au burin (taille douce), par Depollier aîné* », épreuves avant la lettre (même éditeur).

375. LA FONTAINE. Contes et nouvelles. Suite complète de 75 gravures et portrait, dessinées par Desenne, Desrais, Chasselat, Duplessis-Bertaux, Dugoure, etc. *Paris, Nepveu*, 1820. En feuilles, in 8, dans un carton.

376. LA FONTAINE. Les Amours de Psyché et de Cupidon, avec le poème d'Adonis. *Paris, Didot le Jeune, an III*. In 4, maroq. bleu, doublure de maroq. marron avec très large dentelle au petit fer, gardes de soie, 3 fil. sur les plats, dos orné, tête dor., non rog.

Exempl. lavé et encollé, avec le portrait de Rigault et les huit figures de Moreau. On y a ajouté 4 grandes gravures en couleurs, de l'époque, remontées dans la pâte.

377. LAFORGE (Léon), **(dit le Prince Léon Laforge de Vitanval)**. La France se relève. Poème patriotique dédié à Monsieur Félix Faure, président de la République Française, à l'occasion de son voyage présidentiel dans sa ville du Havre, le 17 avril 1895. *Havre, Le Templier*, 1895. Plaquette in 4, br. *Papier du japon* (*nº 2*).

Cette plaquette, curieuse surtout par les démêlés récents de son auteur, n'est signée que Léon Laforge tout court.

378. LA GRANGE. Archives de la Comédie-Française. Registre de La Grange (1658-1685), précédé d'une notice biographique. *Paris, Claye,* 1876. In 4, br., non rog., couv. impr. *Papier de hollande.*

379. LAMARTINE. Œuvres poétiques. Méditations poétiques. — Harmonies poétiques et religieuses, — Jocelyn, — La chute d'un ange, — La mort de Socrate, etc., — Recueillements poétiques. *Paris, Furne,* 1875-1879. 6 vol. in 12, maroq. grenat, trois fil. sur les plats, dos orné, large dent. int., tr. dor. sur marbrure. *(Smeers).*

Portrait sur chine volant, en-têtes et culs-de-lampe sur bois. Edition de bibliophile, papier velin du Marais.

380. LA-ROCHEFOUCAULD. Réflexions ou sentences et maximes morales. Edition Louis Lacour. *Paris, Jouaust,* 1868. In 8, maroq. rouge, 3 fil. sur les plats, larg. dent. int., dos orné de petits fers, tr. dor. sur marb. (*Smeers*).

Exempl. en papier vergé numéroté.

381. LA ROCHEFOUCAULD. Réflexions ou sentences et maximes morales. Textes de 1665 et 1678 revus par Ch. Royer. *Paris, Lemerre,* 1870. In 12, maroq. chaudron, trois filets sur les plats, dos orné, large dent. int., tr. dor. sur marbrure *(Smeers).*

Papier de hollande, avec portrait.

382. LAROUSSE (M. P.). Fleurs historiques des dames et des gens du monde. Clef des allusions aux faits, etc. *Paris, Larousse et Boyer, s. d.* In 8, demi chagr., tr. jasp. *Photographies.*

383. LAROUSSE (P.). Flore latine des dames et des gens du monde, ou clef des citations latines que l'on rencontre fréquemment dans les ouvrages des écrivains français. Préface de J. Janin. *Paris, Larousse et Boyer, s. d.* Grand in 8, dos chagr. *Frontisp. photographique.*

384. LAROUSSE (Pierre). Grand Dictionnaire Universel du XIXe siècle, français, historique, géographique, etc. Comprenant : la langue française, etc. 15 vol. — Suppléments. 2 vol. *Paris, Larousse.* En 17 vol. in 4, demi chagr., plats toile, dos orné. *Bon exemplaire.*

385. LA SERRE (de). Le secrétaire à la mode, ou la méthode facile d'escrire selon le temps diverses lettres de compliment, amoureuses et morales, etc. *A Bruxelles, Mommart*, 1642. In 32, demi veau.

386. LAUZUN. Mémoires du duc de Lauzun. Edition complète précédée d'une étude sur Lauzun et ses mémoires par Georges d'Heylli. *Paris, Rouveyre*, 1880. In 8, dos et coins maroq. rouge, tête dor., non rog., dos orné.

Un des 50 ex. *en grand papier* whatman (n° 56), avec le frontispice à l'eau-forte en quadruple état: sanguine, bistre, noir avant lettre et noir avec lettre, et les vignettes en triple état, dont deux hors texte.

387. LAZARILLE DE TORMÈS. Vie de Lazarille de Tormès. Traduction nouvelle et préface de A. Morel-Fatio. Nombreuses illustrations et eaux-fortes de Maurice Leloir. *Paris, Launette*, 1886. In 8, br., non rog., couv. ill.

On y a joint les 2 figures dessinées et gravées par Ricardo de Los Rios, épreuves avant la lettre sur grand japon, marges in 4.

388. **LEFEBVRE-DURUFLÉ** (J. M.). **EXCURSION SUR LES COTES ET DANS LES PORTS DE NORMANDIE**, avec les vues d'après les dessins de Bonington, Luttringshausen, Ronmy, etc. *Paris, J. F. Osterwald, s. d.* (1823-1285). Grand in folio, dos maroq. rouge, ent. non rog., dos orné (*rel. de l'époque*).

Exemplaire en tout parfait état, en *très grand papier vélin* (hauteur 0.60), avec les 40 gravures à l'aqua-tinte tirées sur *papier de chine* à la lettre blanche. Quelques-unes de ces gravures portent le cachet à sec de l'édit. (ses initiales), ce qui n'existe que sur quelques très rares exempl. qui ont été tirés les premiers et soigneusement triés parmi les bonnes épreuves, pour l'éditeur lui-même.

389. LEMALE (A. Guislain). Le Havre sous le gouvernement du duc H. de Saint-Aignan (1719-1776). Étude historique d'après les documents, etc. Notices biographiques sur les ducs de St Aignan (François et Hippolyte), gouverneurs du Havre. *Havre, Lemale*, 1860. 2 vol. grand in 8, dos et coins maroq. gros vert, tête dor., non rog., dos orné, couv. jointe à l'ex. (*Bonnefoy*).

Un des rares exemplaires en grand papier de hollande.

390. Le Même. 2 vol. in 8, br., non rog., couv. impr. *Papier ordinaire.*

391. LENNIER (G.). L'Estuaire de la Seine. Mémoires, notes et documents pour servir à l'étude de l'Estuaire de la Seine. — Atlas. *Havre*, 1885. 2 vol. in folio de texte, br., non rog., couv. impr., et 1 atlas in folio cart. dos toile, non rog.

Exempl. en grand papier de hollande (n° 48). L'atlas contient de très belles vues.

392. LÉRIS (G. de). Le monde pittoresque et monumental. L'Italie du Nord. Ouvrage illustré de nombreux dessins d'après nature. *Paris, Quantin*, 1889. In 4, dos et coins chagr. rouge, tête dor., non rog.

393. LE ROY (Albert). Le Havre et la Seine-Inférieure, pendant la guerre de 1870-71. Nouvelle éd. avec plan, fac-similés et portrait, augmentée de nombreux documents, etc. par M. l'amiral Mouchez. *Paris Lahure*, 1887. Gr. in 8, dos et coins de veau, tête dor., non rog., dos orné.

394. LE SAGE. Œuvres. Avec notices et notes par A. P.-Malassis, A. France et F. Dillaye. Gil Blas de Santillane, 4 vol. — Le diable boiteux, 2 vol. — Théâtre, 1 vol. *Paris, Lemerre*, 1878. 7 vol. in 12, dos et coins maroq. grenat, tête dor., non rog., dos orné, couv. cons. (*Ch. Meunier*).

Papier de hollande, avec la suite des 25 eaux-fortes dessinées par H. Pille et gravées par L. Mouziès.

395. LE SAGE (Alain-René). Histoire de Gil Blas de Santillane; précédée d'une préface par H. Reynald. 13 eaux-fortes par R. de Los Rios. *Paris, Jouaust*, 1879. 4 vol. in 12, maroq. grenat, compart. de filets à la Du Seuil, large dent. int., dos orné de fers fins, tr. dor. sur marbrure (*Smeers*).

396. LESCURE (M. de). Marie-Antoinette et sa famille. 70 compositions de M. M. Delort, Du Paty, Gerlier, etc. Gravure de F. Méaulle. *Paris, Ducrocq*, 1879. Gr. in 8, demi chagr., pl. toile, tr. dor. Armoiries sur le plat.

397. LETTRES D'HÉLOÏSE ET D'ABAILARD. Edition ornée de 8 figures gravées d'après les dessins, sous la direction de Moreau le Jeune. *Paris, Didot le jeune, an IV* (1796). 3 vol. in 4, dos et coins chagr., dos orné, tête dor., ébarbé.

Papier superfin d'Annonay. Exempl. auquel on a ajouté : 1° la suite complète des gravures sur bois (tirées sur chine) de l'édition de 1839 et les frontisp., par Jean Gigoux ; 2° 6 portraits d'Abailard et d'Héloïse, dont une épr. superbe avant la lettre, et le portrait anglais de 1795 d'après Gartner.

398. LIÈVRE (Ed.). Bibliothèque des Beaux-Arts. Tableaux et dessins choisis dans le Musée Universel, et dans les maîtres anciens et contemporains. *Paris, Goupil, s. d.* In 4, en feuilles, dans l'emboît. de l'édit. *Très nombreuses planches.*

399. LE LIVRE. Revue mensuelle. Années 1880 (origine) à 1889 inclus. Bibliographie ancienne. 10 vol. — Bibliographie moderne. 10 vol. *Paris, Quantin,* 1880-89. Ensemble 20 vol. in 4, cart. dos et coins toile, genre Bradel, tête dor., non rog.

Collection complète. Nombreuses illustrations.

400. LIVRE DES SONNETS. Dix dizains de sonnets choisis. *Paris, Lemerre,* 1874. Petit in 8, maroq. grenat, compart. de fil. à la Du Seuil, dos orné, large dent. int., tr. dor. sur marbrure (*Smeers*). Papier de hollande, texte encadré de filets ombrés.

401. LIVRE DES BALLADES. Soixante ballades choisies. *Paris, Lemerre,* 1876. Petit in 8, maroq. grenat, compart. de fil. à la Du Seuil, dos orné, large dent. int., tr. dor. sur marbrure. (*Smeers*). Papier de hollande, texte encadré de filets ombrés.

402. L'HOSPITAL (Michel). Œuvres complètes de Michel L'Hospital, chancelier de France. Ornées de vues et de portraits dessinés et gravés par A. Tardieu. Précédé d'un essai sur sa vie et ses ouvrages par P. J. S. Dufey. 3 vol. — Œuvres inédites, 2 vol. — Planches, 1 vol. *Paris, Boulland,* 1825. 6 vol. in 8, dos et coins maroq. vert, tête dor., non rog. (*R. Raparlier*). Papier vergé.

403. LOISELEUR (Jules). Les points obscurs de la vie de Molière. Les années d'étude. Les années de lutte et de vie nomade. Les années de gloire, etc. Avec 1 portrait de Molière gravé à l'eau-forte par Ad. Lalauze. *Paris, Lisieux*, 1877. In 8, dos et coins maroq. vert, tête dor., non rog., dos orné. (*Smeers*).

Grand papier de hollande (nº 75), avec le portrait en double état : avant la lettre et avec la lettre.

404. **LONGUS**. Les amours pastorales de Daphnis et Chloé. *S. l. 1745*. In 4, veau écaille, filets sur les plats, dos orné, tr. dor., petite dent. int.

Exemplaire en grand papier. 1 frontisp. par Coypel, 28 figures par Philippe d'Orléans, le Régent, gravées par Audran, 1 gravure par le Cte de Caylus (*les Quatre pieds*), et 1 vignette par Scotin, culs-de-lampe.

405. LONGUS. Daphnis et Chloé, traduction d'Amyot. Compositions d'Émile Lévy gravées à l'eau-forte par Flameng. Dessins de Giacomelli gravés sur bois par Rouget et Sargent. *Paris, Jouaust*, 1872. In 12, maroq. Lavallière clair, 3 filets sur plats, dos orné, large dent. int., tr. dor. sur marbrure. (*Smeers*).

De la collection Bijou. Légères rousseurs.

406. LONGUS. Les amours pastorales de Daphnis et Chloé, traduites par Jacques Amyot, texte de 1559. Suivies de la traduction revue de Paul Louis-Courrier, précédées d'une notice par Etienne Charavay. *Paris, Lemerre*, 1872. In 12, dos et coins de maroq. bleu, tête dor., non rog., dos orné. (*Smeers*).

Papier de hollande, portrait et 7 eaux-fortes d'après les dessins de Prud'hon, gravées par Boilvin, avant la lettre.

407. **LORENZ** (Otto). **CATALOGUE GÉNÉRAL DE LA LIBRAIRIE FRANÇAISE**. 1840-1890. *Paris, O. Lorenz et Per Lamm*, 1867-1896. 13 vol. grand in 8, dos et coins chagr. Lavallière clair, tête dor., non rog., jansén.

Bel exemplaire complet des tables.

408. LORET (J.). La Muze historique ou recueil des lettres en vers contenant les nouvelles du temps écrites

à S. A. Mademoizelle de Longueville, depuis duchesse de Nemours (1650-1665). Nouvelle édition revue et augmentée. *Paris, Jannet-Daffis*, 1857-1878. 4 vol. in 8, br., non rog., couv. impr. *Papier vergé*.

409. LORET. Les Continuateurs de Loret. Lettres en vers de La Gravette de Mayolas, Robinet, Boursault, Perdou de Subligny, Laurent et autres (1665-1689), recueillies et publiées par le Baron James de Rothschild. *Paris, D. Morgand*, 1881-1883. 2 vol. in 8, br., non rog., couv. impr.

Exempl. en papier vergé (nº 42).

410. LOSSOW (Henri). Le Triomphe de Cupidon. 12 dessins fantaisistes par H. Lossow. *Paris, Hinrichsen, s. d.* In 4, en feuilles, dans le portefeuille spéc. de l'édit. *Suite de 12 planches en phototypie*.

411. LOT de 16 grandes planches, portrait, aquarelle, eaux-fortes, reproductions diverses, etc. In plano, à toutes marges.

412. LOTH (Arthur). St Vincent de Paul et sa mission sociale. Introd. par Louis Veuillot. Appendices par Ad. Baudon, P. B. et L. B., etc. *Paris, Dumoulin*, 1880. In 4, dos et coins maroq. bleu, tète dor., non rog., dos orné. (*Smeers*).

Un des 250 ex. sur vélin de cuve (nº 46), avec de très nombreuses chromolithogr., des planches hors texte et des vignettes sur bois. Bel exemplaire.

413. LOTH (Abbé Julien). La cathédrale de Rouen. Son histoire, sa description depuis les origines jusqu'à nos jours. *Rouen, Fleury*, 1879. Gros vol. grand in 8, br., non rog., couv. impr. P*lanches*.

414. LOTI (Pierre). Madame Chrysanthème. Dessins et aquarelles de Rossi et Myrbach. Gravure de Guillaume frères. *Paris Calmann Lévy*, 1888. In 8, dos et coins peau de crocodile, plats toile, fers spéciaux, tète dor., non rog., couv. conserv.

Edition dite du Figaro. *1er tirage*.

415. LOUIS XI. Les dix dizains des Cent nouvelles nouvelles, avec notice, notes et glossaire par Paul Lacroix ; dessins gravés de Jules Garnier. *Paris, Jouaust*, 1874. 4 vol. in 12, dos et coins maroq. vert, tète dor., non rog., dos orné de petits fers. (*Belz-Niédrée*).

Papier vergé, avec les 10 eaux-fortes gravées par Lalauze.

416. LOYAL SERVITEUR. Histoire du gentil seigneur de Bayard. Edition rapprochée du français moderne, avec introduction, notes et éclaircissements par Lorédan Larchey. Ouvrage contenant 8 planches, 3 titres et 1 carte en chromolithogr., 1 portrait en photogravure, 34 grandes compositions et portraits tirés en noir, et 187 grav. intercalées dans le texte. *Paris, Hachette*, 1882. In 4, en feuilles dans l'emboît. de l'édit.

Un des 100 ex. en papier vélin de cuve (n° 91).

417. LUCAS (Hippolyte). Histoire philosophique et littéraire du Théâtre français depuis son origine jusqu'à nos jours. *Paris, Jung-Treuttel*, 1862-1863. 3 vol. in 12 br., non rog., couv. impr.

418. LYON-CAEN (Ch.) et L. RENAULT. Traité de Droit commercial. *Paris, Pichon*, 1889-1894. 5 vol. in 8, br., non rog., couv. impr. Tomes 1 à 5.

419. MADOU. Bruxelles et ses environs. *Paris, Lithogr. C. Motte s. d.* Suite de 12 lithogr. in 4. tirées sur chine monté.

420. MAISON RUSTIQUE. La maison rustique du 19e siècle, contenant les meilleures méthodes de culture usitées en France et à l'étranger, etc., etc. Avec 2500 grav. *Paris, Librairie agricole, s. d.* 5 vol., gr. in 8, demi veau, tr. jasp., dos orné. Dernière édition.

421. MAISTRE (Xavier de). Voyage autour de ma chambre, suivi de l'expédition nocturne. Préface par J. Claretie. 6 eaux-fortes par Hédouin. *Paris, Jouaust*, 1877. In 12, maroq. bleu, 3 fil. sur les plats, large dent. int., dos orné de petits fers, tr. dor. sur marb. (*Smeers*).

LES MAITRES DE L'ART

422. **BLANC** (Ch.). **L'ŒUVRE COMPLET DE REMBRANDT,** décrit et commenté par Charles Blanc. Ouvrage comprenant la reproduction de toutes les estampes du maître, exécutée sous la direction de M. Firmin Delangle. *Paris, Quantin,* 1880. 1 vol. de texte, 2 albums in folio, et 1 album in plano contenant les grandes planches hors format; le tout dans les cart. spéc. de l'édit.

Un des 80 ex. en grand papier de hollande (n° 79), avec les 350 planches tirées en double état: sur japon et sur hollande.

423. **DESJARDINS** (Abel.). **LA VIE ET L'ŒUVRE DE JEAN DE BOLOGNE.** D'après les manuscrits inédits recueillis par M. Foucques de Vagnonville. *Paris, Quantin,* 1883. In folio, dans l'emboît. spéc. de l'édit.

Un des 25 ex. en grand papier de hollande (n° 38), avec les 80 gravures (dont 22 eaux-fortes), en double état: sur japon et sur hollande.

424. **GUIFFREY** (Jules). **ANTOINE VAN DYCK.** Sa vie et son œuvre. *Paris, Quantin,* 1882. In folio, dans l'emboît. spécial de l'édit.

Un des 50 ex. en grand papier de hollande (n° 63), avec les 30 grandes planches à l'eau-forte tirées en double état: sur japon et sur hollande, et plus de 100 gravures dans le texte.

425. **LAFENESTRE** (Georges). **LA VIE ET L'ŒUVRE DE TITIEN.** *Paris, Quantin, s. d.* In folio, dans l'emboît. spécial de l'édit.

Un des 10 ex. en grand papier de hollande (n° 25), avec 25 planches hors texte en double état: sur japon et sur hollande, et plus de 100 gravures dans le texte.

426. **MANTZ** (Paul). **HANS HOLBEIN.** Dessins et gravures sous la direction de Ed. Lièvre. *Paris, Quantin,* 1879. In folio, dos et coins maroq. rouge, tête dor., non rog., dos orné de petits fers (*Smeers*).

Exempl. en grand papier de hollande (n° 35), illust. de 27 planches à l'eau-forte tirées hors texte en double état: sur hollande et sur japon, avant la lettre, et de plus de 300 grav. dans le texte.

427. **MANTZ** (Paul). **FRANÇOIS BOUCHER, LEMOYNE ET NATOIRE.** *Paris, Quantin*, 1880. In folio, dos et coins maroq. grenat, tête dor., non rog., dos orné.

Un des 50 ex. en grand papier de hollande (nº 97), illustré de 40 planches hors texte à l'eau-forte, tirées en double état: sur hollande et sur japon, avant la lettre, et de plus de 100 grav. dans le texte.

---

428. MAITRE PATHELIN. La force de maître Pathelin. Comédie du moyen age, arrangée en vers modernes par Georges Gassies des Brulies, avec 16 compositions en taille-douce, hors texte, par Boutet de Monvel. *Paris, Delagrave, s. d.* Gr. in 8, br., non rog., couv. impr.

429. MALHERBE. Œuvres poétiques, réimprimées sur l'édition de 1630, avec une notice et des notes par Prosper Blanchemain. *Paris, Jouaust*, 1877. In 8, dos et coins de maroq. rouge, tête dor., non rog., dos orné (*Smeers*).

Un des 170 exempl. sur grand papier de hollande (nº 86). Portrait.

430. MANGIN (Arthur). Histoire des jardins chez tous les peuples, depuis l'antiquité jusqu'à nos jours. Dessins par Anastasi, Daubigny, V. Foulquier, Français, etc. *Tours, Mame*, 1883. In folio, cart. toile, fers spéc., tr. dor.

431. MANTZ (Paul). Les Chefs-d'œuvre de la peinture italienne. Ouvrage contenant 20 planches chromolithogr. exécutées par F. Kellerhoven et 30 planches gravées sur bois. *Paris, F. Didot*, 1870. In folio, cart. toile, fers spéc. de l'édit., non rog.

Exemplaire numéroté, en grand papier à la forme, dans lequel toutes les planches hors texte sont tirées sur chine, avant la lettre. Culs-de-lampe et lettres ornées, planches coloriées.

432. MANUSCRIT. Manuscrit espagnol du XVIe siècle. In folio, rel. parch. estampé.

Il se compose de 36 ff. bien écrits, en langues espagnole et latine. Son ornement comprend 1 page encadrée, 3 grandes lettres et 1 fleuron miniaturés sur fond or et de nombreuses lettres de départ en couleurs.

Reliure refaite.

433. MARGUERITE DE NAVARRE. Les marguerites de la Marguerite des princesses. Texte de l'édition de 1547, introduction, notes et glossaire, accompagné de la reproduction des gravures sur bois de l'original et d'un portrait de Marguerite de Navarre. *Paris, Librairie des Bibliophiles*, 1873. 4 vol. in 12, dos et coins maroq. bleu, tête dor., non rog., dos orné de fers fins (*Belz-Niédrée*).

Papier vergé numéroté.

434. MARGUERITE DE NAVARRE. L'Heptaméron des nouvelles. Avec une notice, des notes et un glossaire par Paul Lacroix. *Paris*, *Jouaust*, 1879. 2 vol. gr. in 8, br., non rog., couv. impr.

Grand papier de hollande numéroté.

435. MARGUERITE DE NAVARRE. L'Heptaméron des nouvelles de très haute et très illustre princesse Marguerite d'Angoulème, reine de Navarre. Publié... avec les notes de MM. Le Roux de Lincy et A. de Montaiglon. *Paris*, *Eudes*, 1880. 4 tomes en 8 vol. in 8, br., non rog., couv. impr.

Un des 100 exempl. sur papier Van Gelder Zonnen, avec deux suites des eaux-fortes : en bistre et en noir, avant la lettre.

436. MARIE (Adrien). Une journée d'enfant. Compositions inédites par Adrien Marie. 20 planches en héliogravure de Dujardin. *Paris*, *Launette*, 1883. In folio, cart. toile illustrée, fers spéc., planches montées sur onglet.

Pli dans le coin d'une page.

437. MARMONTEL. La neuvaine de Cythère. Notice par Ch. Monselet. Illustrée du portrait de l'auteur et de 9 vignettes dessinées par Fresquet. *Paris*, *Barraud*, 1879. In 4, dos et coins maroq. rouge, tête dor., non rog., dos orné. (*Smeers*).

Tiré à 35 ex. sur papier vergé jésus (nº 4).

438. MAROT. Œuvres de Clément Marot, de Cahors, vallet de chambre du Roy. *Lyon*, *Scheuring*, 1869. 2 vol. in 8, maroq. grenat, joli motif au fer fin sur les plats, dos

orné, tête dor., non rog., larg dent. int. (*Relié par Chambolle-Duru, dorure de Marius Michel*).

Exempl. en papier teinté numéroté, avec portrait, encadrements en bois et lettres ornées.

439. MARTIN (Alph.). Histoire du Chef de Caux et de Sainte-Adresse. *Fécamp, Durand*, 1881. In 8, dos et coins veau lisse, tête dor., non rog. *Papier de hollande.*

440. MARTIN (Alph.). Les origines du Havre. Histoire de Leure et d'Ingouville. *Fécamp, Durand*, 1882-1883. 2 vol. in 8, dos et coins maroq. gros vert, tête dor., non rog.

Exempl. en grand papier Whatman.

441. MARTIN (A.). Origines du Havre. Description historique et topographique de la ville françoise et du Havre de grâce (1515-1541), avec un plan de la ville en 1524. *Fécamp, Durand*, 1885. In 8, dos et coins de maroq. vert, tête dor., non rog.

Tiré à 30 exempl. sur papier de Hollande (nº 18).

442. MARTIN (Alphonse). Etude historique et descriptive sur La Cerlangue et St-Jean-d'Abetot. Ouvrage orné de 12 planches en glyptographie. *Fécamp, Durand*, 1888. In 8, br., non rog., couv. impr.

Exempl. en papier de hollande numéroté, tiré au nom de Monsieur Noël.

443. MARTIN (A.). Histoire de la ville de Saint-Romain de Colbosc. *Fécamp, Durand*, 1892. In 8, dos et coins de maroq. vert, tête dor., non rog. *Exempl. en grand papier nº 24*, au nom *de M. A. Noël*. Vues, portraits.

444. MARTIN (Alph.). Histoire de Fécamp illustrée. *Fécamp, Durand*, 1893. 2 vol. in 8, br., non rog., couv. illust.

Exempl. en grand papier du japon (nº 30), illustré de nombreuses planches, de vues, cartes, plans, etc.

445. MARTIN (Alph.). Histoire de la marine militaire au Havre (XVIe et XVIIe siècles). *Fécamp, Durand*, 1899. In 8, br., non rog., couv. ill.

Exempl. en papier de hollande nº 30, avec plans et vues.

446. MARTIN (Henri). Histoire de France depuis les temps les plus reculés jusqu'en 1789. *Paris. Furne*, 1865. 17 vol. in 8, demi veau, tr. asp. *Portraits et gravures.*

Le dos de la rel. très légèr. taché.

447. MATHIEU (Gustave). Parfums et couleurs. Poésies. *Lyon, Perrin*, 1873. Petit in 4, carton. toile, non rog.

Frontispice, papier vergé et texte encadré.

448. MAULDE (R. de). Une vieille ville Normande. Caudebec-en-Caux. 12 dessins d'après nature gravés à l'eau-forte par P. Carbonnier. *Paris, Cadart*, 1879. In folio, en feuilles, dans l'emboît. de l'édit.

Un des 10 ex. en grand papier de hollande avec les eaux-fortes sur papier du japon (nº 8).

449. MAUPASSANT (G. de). Des Vers. *Paris, Havard*, 1884. In 12 br., non rog., couv. impr. *Portrait. Edition rare.*

450. **MAUPASSANT** (Guy de). **CONTES CHOISIS**, publiés par les Bibliophiles Contemporains. Le Loup. — Hautot père et fils. — Allouma. — Mouche. — La Maison Tellier. — Un soir. — Le Champ d'Oliviers. — Mademoiselle Fifi. — L'Epave. — Une partie de campagne. *Paris, Imprimés aux frais et pour les Sociétaires de l'Académie des Beaux Livres (Bibliophiles Contemporains)*, 1891-1892. En 10 fasc. in 8, br., non rog., couv. impr.

Ouvrage tiré seulement pour les sociétaires (*nº 113 M. Arthur Noël*), et dont aucun ex. n'a été mis dans le commerce. L'Exempl. est complet des titres, couvertures, frontisp., tirages spéciaux, etc.

451. MAYNARD (Abbé U.). La Sainte Vierge. Ouvrage illustré de 14 chromolithogr., 3 photogravures et 250 gravures par Huyot, dont 24 hors texte. *Paris, F. Didot*, 1877. In 4, dos et coins maroq. rouge, tête dor., non rog., dos orné (*Smeers*).

Exempl. en grand papier à la forme numéroté.

452. MAZE-SENCIER (Alph.). Le livre des collectionneurs. Les ébénistes, les ciseleurs-bronziers, les tabatières, la dinanderie, l'horlogerie, la céramique, les peintres en miniature, etc. *Paris, Renouard*, 1885. Gros vol. grand in 8, br., non rog., couv. impr.

453. MEAUX SAINT-MARC (Ch.). L'Ecole de Salerne : traduction en vers français, avec le texte latin. Introduction par le Dr Ch. Daremberg et suivie de commentaires. Avec figures. *Paris, Baillière*, 1880. Gros vol. in 12, dos et coins maroq. bleu, tête dor., non rog., dos orné de petits fers (*Smeers*).

454. MENDÈS (Catulle). Les Iles d'Amour. Avec 6 eaux-fortes et 38 dessins originaux de G. Fraipont. *Paris, Frinzine*, 1886. Grand in 4, br., non rog., couv. impr.

Exempl. en papier vergé numéroté.

455. MENZEL (Adolphe). Illustrations des œuvres de Frédéric Le Grand. Préface et notice par Louis Gonse. Texte explicatif par L. Pietsch. Gravures sur bois par O. Vogel, A. Vogel, Fr. Unzelmann et H. Müller. *Paris, F. Fetscherin et Chuit, s. d.* 2 vol. In 4, carton. toile de l'édit., non rog.

456. MÉRIMÉE (Pr.). Carmen. *Paris, Calmann Lévy*, 1884. Petit in 8, br., non rog., couv. impr. *Papier vergé.*

Edition Conquet, avec une suite de 1 frontisp. et 8 vignettes hors texte.

457. MÉRIMÉE (Prosper). Chronique du règne de Charles IX. Edition ornée de 110 compositions par Ed. Toudouze. *Paris, Testard* 1889. In 4, br., non rog., couv. ill. (*dos cassé*).

458. MEUNIER (Charles). Cent planches de reliures d'art composées et exécutées par Ch. Meunier, relieur-doreur. 1er album 1889-1894. *Paris*, 1895. In 4, dos et coins de toile, tête jasp., non rog., couv. cons., pl. sur onglets.

Tiré à 100 ex. seulement, non mis dans le commerce (no 53).

459. MICHEL ANGE. Pitture dipinte nella volta della Capella sistina nel Vaticano in Roma. *Presso Carlo Losi, l'anno...*(1612). Suite de 68 gravures, tirées des peintures de Michel Ange, signées du monogramme.

460. MICHELET (J.). Histoire du XIXe siècle. Directoire. Origine des Bonaparte, 1 vol. — Jusqu'au 18 Brumaire, 1 vol. — Jusqu'à Waterloo, 1 vol. — *Paris, Lévy*, 1875. 3 vol. in 8, br., non rog., couv. impr.

461. MILLAUD (Alb.). La Comédie du jour sous la République Athénienne. Illustrations par Caran d'Ache. *Paris, Plon*, 1887. In 4, br., non rog., couv. ill. *Nombreuses illustrations*.

462. MILLEVOYE. Œuvres. Edition publiée avec des pièces nouvelles et des variantes par P. L. Jacob. 7 eaux-fortes par Ad. Lalauze. *Paris, Quantin*, 1880. 3 vol. in 8, dos et coins maroq. grenat, tête dor., non rog., dos orné de petits fers (*Smeers*). Papier de hollande.

463. **MOLIÈRE. — LES ŒUVRES**, avec notes et variantes par Alph. Pauly. — Molière, sa vie et ses œuvres, par Jules Claretie, *Paris, Lemerre, s. d.* 9 vol. in 12, maroq. vert, compart. de filets à froid avec fleurons dor. aux angles, joli motif au petit fer au centre, dent. int., dos orné, tr. dor. sur marbr. (*Smeers*).

Ravissant exemplaire en papier de hollande, avec la suite de 35 eaux-fortes d'après Boucher, gravées par Boilvin, Martinez, Mongin, etc., à laquelle on a ajouté un portrait par Courtry.

464. **MOLIÈRE. — THÉATRE COMPLET** de J. B. Poquelin de Molière, publié par D. Jouaust. Préface par M. D. Nisard. Dessins de Louis Leloir gravés à l'eau-forte par Flameng. *Paris, Jouaust*, 1876. 8 vol. in 4, br., non rog., couv. impr.

Un des 100 ex. en grand papier soleil (no 82) avec toutes les eaux-fortes en double état : avant la lettre et avec la lettre.

465. **MOLIÈRE. — SUITES COMPLÈTE POUR ILLUSTRER LES ŒUVRES** ; en feuilles.

1o 166 vignettes dessinées et gravées à l'eau-forte par Fr. Hillemacher. Epreuves in 8 tirées sur chine volant.

2o 34 estampes dessinées et gravées à l'eau-forte par Ad. Lalauze. *Paris, Morgand et Fatout*, 1876. In 4, dans un carton. Epreuves d'artiste tirées à 80 ex. sur papier du japon (no 47). *Très rare*.

3o Titre gravé, frontispice et 34 planches dessinées et gravées à l'eau-forte par Edm. Hédouin, *pour le Théâtre. Paris, Damascène Morgand*, 1888. In 4, couv. Suite **M** tirée sur vélin du Marais, épr. avant la lettre, tablette blanche. *Très belle suite*.

4º 25 eaux-fortes d'après les dessins de Emile Bayard, gravées par P. Teyssonnières, A. Lalauze et J. Dupont. *Paris, Damascène Morgand*, 1879. In 4, en livraisons. Epreuves d'artistes tirées à 100 ex. sur papier impérial du japon (nº 62).

5º 50 vignettes dessinées et gravées à l'eau-forte par V. Foulquier (*pour l'édition Mame*). *Paris, Morgand et Fatout*, 1878. In 4. Epreuves d'artiste tirées à 100 ex. sur papier du japon (nº 74).

6º 36 gravures sur cuivre par Moreau le Jeune, gravées par divers, réimprimées sur les planches originales, etc. *Paris, Willem*. In 8, dans un carton. Epreuves en bistre, sur papier vergé, et avant la lettre.

7º Portrait par St Aubin et 30 figures par Moreau le Jeune, gravées par divers. *Edition Renouard*, 1813 (*tirage de Furne*). Épr. grand in 8.

8º 1 portrait et 18 gravures par Desenne, H. Vernet, A. Johannot, etc., gravées par divers. *Edition Furne*. Epreuves grand in 8 sur chine.

9º 33 estampes composées par F. Boucher, réduites et gravées à l'eau-forte par T. de Marc. *Paris, Lefilleuil*, 1881. Epreuves in 4, avant la lettre, sur japon, signées par le graveur.

On y a joint la suite de 7 estampes d'après Coypel, eaux-fortes avant la lettre, sur japon.

10º 36 eaux-fortes dessinées et gravées par T. Dupont. *Paris, chez l'auteur*. Epreuves de grand luxe, sur papier du japon, avant la lettre et signées du graveur.

Soit, en tout, 473 pièces de premier ordre.

466. MOLIÈRE. Etudes sur Molière. Lot de 14 vol., in 12 et in 8, br. *Gravures et portraits.*

Pifteau. Molière en Province. — *G. du Boulan*. L'énigme d'Alceste. — *A. Magen*. La troupe de Molière à Agen. — *R. de Graaf*. L'instrument de Molière. — *G. Monval*. Recueil sur la mort de Molière. — *Cotin*. La satyre des satyres. — *de Visé*. Oraison funèbre de Molière. — *Des Jardins*. Récit en prose et en vers de la Farce des précieuses. — *Boursault*. Le médecin volant. — Etc., etc.

467. MOLIÈRE ET RABELAIS. Lot de 4 vol., formats divers, reliés. *Figures.*

Le Tartuffe, par ordre de Louis XIV. *Paris, Claudin*, 1877. In 16, dos et coins de veau, tête dor., non rog. — Nouvelles pièces sur Molière et sur quelques comédiens de sa troupe. *Paris, Berger-Levrault*, 1876. In 8, dos et coins de veau, tête dor., non rog. (nº 20). — Rabelais, la Renaissance et la Réforme, par E. Gebhart. *Paris, Hachette*, 1877. In 8, dos et coins chagr., tête dor., non rog., dos orné. — La politique de Rabelais, par H. Ligier. *Paris, Fischbacher*, 1880. Grand in 8, dos et coins maroq., tête dor., non rog., dos orné (*Smeers*).

468. MOLMENTI (P.-G.). La vie privée à Venise, depuis les premiers temps jusqu'à la chute de la République. *Venise, Ongania*, 1882. Gros vol. petit in 8, br., non rog., couv. impr. *Très nombreuses illustrations.*

469. MONITEUR DU BIBLIOPHILE (Le). Gazette littéraire, anecdotique et curieuse. Du 1er mars 1878 (origine) au 1er février 1881. *Paris*, 1878-1881. Ces 3 années en 36 fasc. in 4, br., non rog., couv. impr. *Papier de hollande.*

La livraison de mars 1880 est en double.

470. MONNIER (Antoine). Eve et ses incarnations. Sonnets et eaux-fortes par Antoine Monnier, avec préface par Tony Révillon et prologue par Prosper Blanchemain. *Paris, Willem*, 1878. Gr. in 8, br., non rog., couv. impr.

Exempl. en papier vélin numéroté.

471. MONNIER (Henry). Scènes populaires dessinées à la plume. *Paris, Dentu*, 1879. 2 vol. in 8, dos et coins maroq. rouge, tête dor., non rog., dos orné de petits fers. (*Smeers.*)

Exemplaire en grand papier fin avec les vignettes de Monnier tirées dans le texte.

472. MONSELET (Ch.). Les poésies complètes. Avec un frontispice-portrait, par Louis Chevalier, gravé à l'eau-forte par Lalauze. *Paris, Dentu*, 1880. In 8, br., non rog., couv. impr. *Papier de hollande, frontispice en double état.*

473. MONTAIGNE. Les Essais. Réimprimés sur l'édition originale de 1588, avec notes, glossaire et index par MM. H. Motheau et D. Jouaust, et précédés d'une note par S. de Sacy. Portrait gravé à l'eau-forte par Gaucherel. *Paris, Jouaust*, 1883. 4 vol. in 8, br., non rog., dans les cartons de l'édit.

Un des 100 ex. en grand papier Whatman (no 42).

474. MONTAIGNE. Les essais, accompagnés d'une notice sur sa vie et ses ouvrages, d'une étude biographique, de variantes, de notes, de tables et d'un glossaire, par E. Courbet et Ch. Royer. Tomes 1 et 2. *Paris, Lemerre*, 1872-1874. 2 vol. in 8, br., non rog., couv. *Papier de hollande.*

475. MONTALEMBERT (Cte de). Sainte Elisabeth de Hongrie, avec une préface par Léon Gautier. *Tours, Mame*, 1878. In 4, dos et coins de maroq. rouge, dos orné, tête dor., non rog.

Un des exempl. en grand papier vergé (nº 66). Chromolithog. et planches hors texte tirées sur chine, vignettes sur bois dans le texte.

476. MONTAUSIER (Mis de). La Guirlande de Julie. Augmentée de documents nouveaux, publiée avec notice, notes et variantes par Oct. Uzanne et ornée d'un portrait inédit de Julie d'Angennes. *Paris, Librairie des Bibliophiles*, 1875. In 8, maroq. rouge, 3 filets sur les plats, dos orné de petits fers, large dent. int., tr. dor. sur marbr. (*Smeers.*)

Papier de hollande, avec un frontispice par Mongin, 1 portrait gravé par Lalauze et vignette.

477. MONTESQUIEU. Lettres persanes. *Paris, Lacour*, 1869. In 8, dos et coins maroq. rouge, tête dor., non rog., dos orné de petits fers. (*Smeers.*)

Exempl. en papier vergé numéroté.

478. MONTESQUIEU (Secondat de). Considérations sur les causes de la grandeur des Romains, et de leur décadence. Publiées avec une notice et des notes par G. Franceschi. *Paris, Jouaust*, 1876. In 8, dos et coins maroq. bleu, tête dor., non rog., dos orné de petits fers (*Smeers.*)

Grand papier de hollande numéroté, portrait à l'eau-forte par Ad. Lalauze.

479. MONTESQUIEU. Le temple de Gnide suivi d'Arsace et Isménie. Nouvelle édition avec figures d'Eisen et de Le Barbier, gravées par Le Mire. Préface de O. Uzanne. *Rouen, Lemonnyer*, 1881. In 4, br., non rog., couv. impr.

Un des 100 exempl. en grand papier Whatman, nº 166, avec les fig. en double état, bistre et noir, avant la lettre.

480. MONTREUIL. Poésies de M. de Montreuil, augmentées de pièces inédites, publiées avec préface et notes par Oct. Uzanne. *Paris, Librairie des Bibliophiles*, 1878.

In 8, maroq. vert, 3 fil. sur les plats, dos orné, large dent. int., tr. dor. sur marb. (*Smeers.*)

Portrait et frontispice par A. Lalauze. Papier de hollande.

481. MONTROSIER (Eug.). Les artistes modernes. 1re partie : les peintres de genre. — 2e partie : les peintres militaires et les peintres de nu. — 3e partie : les peintres d'histoire, paysagistes, portraitistes et sculpteurs. *Paris, Launette*, 1881-82. 3 vol. en 60 fasc., non rog., couv. impr.

Exempl. sur papier vélin (no 77), contenant 120 biographies avec dessins et croquis, lettres ornées, en-têtes par G. Fraipont, et 120 planches en photogravure, sur papier de chine, par Goupil.

482. **MOREAU LE JEUNE. — MONUMENT DU COSTUME** physique et moral de la fin du XVIIIe siècle, ou tableaux de la vie, ornés de 26 figures dessinées et gravées par Moreau le Jeune. Texte par Restif de la Bretonne revu et corrigé par Ch. Brunet. Préface par A. de Montaiglon. *Paris, Willem*, 1876. In folio, dos et coins maroq. rouge, tête dor., non rog. (*Smeers*).

Exempl. en papier vélin (no 58), planches avant la légende.

483. MORLENT (J.). Le Havre et son arrondissement. *Havre, Morlent*, 1840. Grand in 8, dos maroq., tr. jasp. *Nombreuses planches, portraits, vues*, plans, cartes, etc.

484. MULLER (Eug.). La Mionette. 28 compositions de O. Cortazzo gravées à l'eau forte par Abot et Clapès. *Paris, Conquet*, 1885. In 12, br., non rog., couv. impr. *Papier vélin teinté numéroté.*

485. **MUNTZ** (Eug.). **RAPHAËL**, sa vie, son œuvre et son temps. Ouvrage contenant 155 reproductions de tableaux ou fac-similés de dessins insérés dans le texte et 41 planches tirées à part. *Paris, Hachette*, 1881. In 4, dos et coins maroq. gros vert, tête dor., non rog., ornements en or et mosaïque de cuir au dos. (*Ch. Meunier*).

Un des 100 ex. en grand papier whatman (no 25).

486. MÜNTZ (Eug.). Les précurseurs de la Renaissance. *Paris, Librairie de l'Art*, 1882. In 4, cart. toile, fers spéc. or et couleurs, tête dor., non rog. (*Engel*).

Très nombreux bois tirés à part et dans le texte.

487. **MUSSET** (Alf. de). **MADEMOISELLE MIMI PINSON.** Profil de grisette. Eaux-fortes en couleurs par François Courboin. *Paris, les Cent Bibliophiles*, 1899. In 8, br., non rog., couv. ill.

Ouvrage tiré à 115 ex. seulement pour les membres de la Société (*n° 77, M. Arthur Noël*), et non mis dans le commerce. Exempl. contenant le tirage à part, en noir, des illustrations.

488. **MUSSET** (Alf. de). **ŒUVRES COMPLÈTES.** Poésies, 2 vol. — Comédies et proverbes, 3 vol. — La confession d'un enfant du siècle. — Nouvelles. — Contes et nouvelles. — Mélange de littérature et de critique. — Œuvres posthumes. — Biographie d'Alf. de Musset. *Paris, Lemerre*. 1876-1877. 11 vol. in 12, maroq. bleu, très large dent. au petit fer sur les plats, large dent. int., dos orné de fers fins, tr. dor. sur marbrure (*Smeers*).

Ravissant exemplaire en papier de fil, avec la suite des 42 dessins de H. Pille gravés à l'eau-forte par L. Monziès.

489. **MUSSET** (Alf. de). **ŒUVRES COMPLÈTES.** *Paris, Lemerre*, 1888-1895. 10 vol. in 4, br., non rog., couv. impr.

Un des 50 ex. en grand papier impérial du japon.

490. **MUSSET** (Alf. de). **SUITES COMPLÈTES** pour illustrer les Œuvres, en feuilles.

1° 42 eaux-fortes de H. Pille, gravées par L. Monziès. *Edition Lemerre*. Epr. sur japon, avant la lettre, marges in 4.

2° Frontisp., fac-simile et 60 aquarelles d'Eug. Lami, gravés à l'eau-forte par Ad. Lalauze. *Edition Damascène Morgand, 1883*. Epreuves d'artiste, avec remarques, sur papier du japon, in 4. dans le portefeuille de l'éditeur.

3° Portrait et 10 eaux-fortes par Desmoulins, Champollion, Massé, J. P. Laurens, Giacomelli, Gervex, etc., *Edition Damascène Morgand*. Epreuves sur papier du japon, avant la lettre.

491. NADAUD (Gustave). Chansons populaires, — Chansons légères, — Chansons de salon. *Paris, Jouaust*, 1879. 3 vol. in 8, dos et coins maroq. olive, tête dor., non rog., dos orné de petits fers. (*Smeers*).

Papier vergé, avec la suite de 12 eaux-fortes par Ed. Morin.

492. NADAUD (G.). Contes, récits et scènes en vers. Ornés de 6 eaux-fortes. *Paris, Jouaust*, 1877. Petit in 8, dos et coins de maroq. olive, tête dor., non rog., dos orné (*Smeers*). *Papier de Hollande*.

493. NEEL (L. B.). Voyage de Paris à S. Cloud par mer et par terre, suivi du Retour par Augustin Martin Lottin. Avec introduction et 12 eaux-fortes par J. Adeline. *Rouen, Augé*, 1878. In 8 carré, dos et coins maroq. bleu, tête dor., non rog., dos orné. *(Smeers)*.

Tiré à 255 ex. seulement sur papier de hollande (nº 52). Texte encadré.

494. NERVAL (Gérard de). Sylvie. Souvenirs du Valois. Préface par Ludovic Halévy. 42 compositions dessinées et gravées à l'eau-forte par Éd. Rudaux. *Paris, Conquet*, 1886. In 12, br., non rog., couv. impr. *Papier vélin numéroté.*

495. NOGARET (F.). Le fond du sac. Recueil de contes en vers. *Rouen, Lemonnyer*, 1879. 2 vol. in 8, maroq. rouge, compart. de fil. à la Du Seuil, large dent. int., dos orné de petits fers, tr. dor. sur marb. (*Smeers*.)

Exempl. sur papier whatman nº 89, frontispice avant la lettre et vignettes d'après Duplessis-Bertaux, Fesquet, etc.

496. NOGARET. Suite complète de 1 frontispice, 2 portraits et 12 vignettes tirés à l'eau-forte pour le *Fond du sac, de l'édit. Lemonnyer*. Marges in 4, épreuves sur chine avant la lettre.

497. NOUVEAU DÉCAMÉRON (Le), par Th. de Banville, Fr. Coppée, Guy de Maupassant, Léon Cladel, Catulle Mendès, Alph. Daudet, René Maizeroy, E. d'Hervilly, Paul Arène, Armand Silvestre, E. Zola, etc. Orné de portraits à l'eau-forte. *Paris, Dentu*, 1885-1887. 10 vol. in 12, br., non rog., couv. impr.

498. ODILON-BARROT. Mémoires posthumes. *Paris, Charpentier*, 1875-1876. 4 vol. in 8, dos et coins maroq. rouge, tête dor., non rog., dos orné. (*Smeers*.) Portrait.

499. OURSEL (N.-N.). Nouvelle biographie normande. *Paris, Picard*, 1886. 2 vol. in 8, dos et coins de veau, tête dor., non rog., dos orné.

500. D'OUVILLE. L'élite des Contes du sieur d'Ouville, réimprimée sur l'édition de Rouen, 1680, avec une préface et des notes par G. Brunet. *Paris, Jouaust*, 1883. 2 vol. grand in 8, br., non coupés, couv. impr.

Grand papier de hollande numéroté.

501. PALUSTRE (Léon). La Renaissance en France. Dessins et gravures sous la direction de Eug. Sadoux. *Paris, Quantin*, 1879. 15 fasc. in folio, br., non rog., couv. impr. *Ouvrage complet.*

Ouvrage couronné par l'Académie française; chaque livraison, dont le texte est sur vélin, contient des eaux-fortes dans le texte et des planches hors texte sur hollande.

502. PANORAMA (Le). Merveilles de France, Algérie, Belgique, Suisse. *Paris, Baschet, s. d.* 25 fasc. in folio oblong, dans leurs couvert. ill.

503. PARIS A TRAVERS LES AGES. Aspects successifs des monuments et quartiers historiques de Paris, depuis le XIIIe siècle jusqu'à nos jours, fidèlement restitués par M. F. Hoffbauer. Texte par Ed. Fournier. Paul Lacroix, A. de Montaiglon, etc. *Paris, F. Didot*, 1875. En 14 livraisons en feuilles dans les cart. de l'édit.

1er tirage. Ouvrage illustré de plus de 60 chromolithographies et de nombreuses gravures dans le texte, plans, etc.

504. PARNES (Roger de). Le Directoire. Portefeuille d'un Incroyable. Préface par Georges d'Heylli. *Paris, Rouveyre*, 1880. In 8, br., non rog., couv. ill.

Un des 50 ex. sur Seychall Mill (n° 48), avec le frontisp., les eaux-fortes et les culs-de-lampe tirés en double état : bistre avant lettre et hors texte, et noir avec lettre et dans le texte.

505. PASCAL (B.). Pensées (Edition de 1670), précédées d'un avant-propos et suivies de notes variantes. Portrait gravé à l'eau-forte par Gaucherel. *Paris, Jouaust*, 1874. In 8, maroq. grenat., compart. de fil. à la Du Seuil, large dent. int., tr. dor. sur marb., dos orné de petits fers *(Smeers)*.

Exempl. sur papier whatman numéroté, avec le portrait avant la lettre.

506. PASCAL (B.). Les provinciales. (Texte de 1656-57). Publié avec notes et variantes et précédées d'une préface par M. S. de Sacy. *Paris, Jouaust*, 1877. In 8, dos et coins maroq. grenat, tête dor., non rog., dos orné de petits fers. *(Smeers)*.

Exempl. en grand papier whatman, n° 63.

507. PEIGNOT (Gabriel). Manuel du Bibliophile, ou traité du choix des livres, contenant des développements sur la nature des ouvrages, etc. *Dijon, Lagier*, 1823. 2 vol. in 8, demi veau, dos orné, tr. marb.

508. PELLICO (Silvio). Mes Prisons, suivi des Devoirs des Hommes. Traduction nouvelle, avec notice biographique et littéraire sur Silvio Pellico et ses ouvrages. Edition illustrée d'après les dessins de MM. Gérard Séguin, d'Aubigny, Steinheil, etc. *Paris, Delloye*, 1844. Grand in 8, dos maroq. long grain, tr. jasp., grandes marges.

Exemplaire de 1er tirage.

509. PERKINS (Ch. C.). Les Sculpteurs Italiens. Edition française revue et ornée d'un album contenant 80 eaux-fortes gravées par l'auteur, et de 35 gravures sur bois dans le texte. *Paris*, Vve *J. Renouard*, 1869. 2 vol. in 8 et 1 atlas in 4, dos maroq. rouge, tête dor., non rog. *Ex-libris Paul de Saint-Victor.*

510. PERRAULT. Les contes de Perrault. Dessins de **Gustave Doré.** Préface par P. J. Stahl. *Paris, Hetzel*, 1865. In fol., carton. toile, fers spéciaux. non rog.

Complet des 40 jolies planches de G. Doré, tirées hors. texte, *1er tirage.*
Très légères rousseurs.

511. PERRAULT. Les contes de Ch. Perrault, précédés d'une préface par P.-L. Jacob, et suivis de la dissertation sur les contes de fées par le Baron Walkenaer. 12 eaux-fortes par Lalauze. *Paris, Jouaust*, 1876. 2 vol. in 12, maroq. Lavallière, 3 fil. sur les plats, dos orné au petit fer, large dent. int., tr. dor. sur marbr. (*Smeers*).

512. PERROT (G.) et Ch. CHIPIEZ. Histoire de l'art dans l'antiquité. Tome I : Egypte. — Tome II : Chaldée et Assyrie. — Tome IV : Judée. — Tome VI : la Grèce primitive. — Tome VII : la Grèce de l'épopée. La Grèce archaïque. (Le Temple). *Paris, Hachette*, 1882-1899. 5 vol. in 4, br., non rog., couv. impr.

Ces 5 vol. sont illustrés de 17 planches coloriées, de 190 planches en noir et de 2,162 gravures dans le texte.

513. **PETITE BIBLIOTHÈQUE ARTISTIQUE.** *Paris, Jouaust.* En volumes in 16, br., non rog., couv. impr.

Le Sage. Le diable boiteux. 9 eaux-fortes par Lalauze. 2 vol.

Scarron. Le Roman comique. 10 eaux-fortes de Flameng. 3 vol.

Rousseau (J.-J.). Les Confessions. 13 eaux-fortes par Hédouin. 4 vol.

Mille et une nuits. 21 eaux-fortes de Lalauze. 10 vol.

Brantôme. Les Dames galantes. 9 eaux-fortes par Ed. de Beaumont et 1 portrait par Boilvin. 3 vol.

Straparole. Les facétieuses nuits. 14 dessins de J. Garnier. 4 vol.

Beaumarchais. Barbier de Séville. Mariage de Figaro. Dessins d'Arcos grav. par Monziès. 2 vol.

Cazotte. Le Diable amoureux. 7 eaux-fortes par Lalauze. 1 vol.

Hoffmann. Contes fantastiques. 11 eaux-fortes par Lalauze. 2 vol.

Louvet de Couvray. Les amours du Chevalier de Faublas. 15 dessins et portrait de P. Avril. 5 vol.

Cervantès. Histoire de Don Quichotte. 17 dessins de J. Worms et 1 portrait. 6 vol.

La Fontaine. Fables. 12 dessins de Em. Adam. 2 vol.

Montesquieu. Lettres persanes. 8 dessins et 1 portrait d'Ed. de Beaumont, 2 vol.

Goethe. Werther. 7 eaux-fortes par Lalauze. 1 vol.

Florian. Fables. 6 dessins et 1 portrait par Em. Adan. 1 vol.

Quinze joyes de mariage (XVe siècle). 21 eaux-fortes de Lalauze. 1 vol.

Silvio Pellico. Mes prisons. 1 portrait et 6 dessins de Bramtot. 1 vol.

Caquets (Les) de l'accouchée (XVIIe sièle). 14 eaux-fortes de Lalauze. 1 vol.

Goldsmith. Le vicaire de Wakefield. 9 eaux-fortes de Lalauze. 2 vol.

Rousseau (J.-J.). La Nouvelle Héloïse. Planches hors texte d'Hédouin, en-têtes et culs-de-lampe de Lalauze. 6 vol.

514. **PETITE BIBLIOTHÈQUE LITTÉRAIRE.** *Paris. Lemerre.* En vol. in 12, br., non rog., couv. *Grand papier de Hollande numéroté.*

Daudet (Alph.). Le petit chose. 1 vol. — Jack. 2 vol. — Les femmes d'artistes. Robert Helmont. Etudes et paysages. 1 vol. — Tartarin de Tarascon. 1 vol. — Tartarin sur les Alpes. 1 vol. — Sapho. 1 vol. — Théâtre. 1 vol. — Le Nabab. 2 vol. — Les Rois en exil. 1 vol. — Les amoureuses. Poèmes et fantaisies. 1857-1861. 1 vol. — L'Evangéliste. 1 vol. — Numa Roumestan. 1 vol. — Trente ans de Paris. 1 vol. — Contes du lundi. 1 vol. — Fromont jeune et Risler aîné. 1 vol.

Cladel (Léon). Le Bouscassié. 1 vol. *Portrait en 2 états : bistre et noir, avant lettre.* — La fête votive de Saint-Bartholomée Porte-glaive. 1 vol. — Les Va-nu-pieds. 1 vol. — Celui de la

Croix-aux-Bœufs. 1 vol. — Titi Foÿssac IV. 1 vol. — N'a-qu'un-œil. 1 vol. — Kerkadec, garde-barrière. 1 vol.

Fabre (Ferd.). L'Abbé Tigrane. 1 vol. — Monsieur Jean. 1 vol. — Barnabé. 1 vol. — Le chevrier. 1 vol.

515. PETITE BIBLIOTHÈQUE LITTÉRAIRE. *Paris Lemerre*. En vol. in-12, br., non rog., couv.

Anthologie des poètes français. 1 vol.

Arioste. Roland furieux. Trad. de Fr. Reynard. *Papier de fil, portrait*. 4 vol.

Barbey d'Aurevilly (J.). Les Diaboliques. 1 vol.

Beaumarchais. Le Barbier de Séville. — Le mariage de Figaro. *Papier de fil, portrait*. 2 vol.

Chateaubriand. Atala. René, le Dernier Abencérage. 1 vol. *Portrait*.

Cladel (Léon). La fête votive de St-Bartholomée porte-glaive. 1 vol.

Cladel (Léon). Les Va-nu-pieds. 1 vol.

Claretie (J.). Robert Burat. 1 vol. *Portrait*.

Dante Alighieri. La Divine Comédie. 2 vol. *Papier de fil, portrait*.

Daudet (Alph.). Jack. 2 vol.

Daudet (Alph.). Fromont jeune et Risler aîné. 1 vol.

Flaubert (Gust.). Théâtre. 1 vol. *Portrait*.

Flaubert (Gust.). L'Education sentimentale. 2 vol. — La tentation de St-Antoine. 1. vol.

Glatigny (Alb.). Poésies complètes. 1 vol. *Portrait*.

Goncourt (Ed. et J. de). Renée Mauperin. 1 vol. — Sœur Philomène. 1 vol. — Germinie Lacerteux. 1 vol. — La Faustin. 1 vol. 2 *portraits et frontisp*.

Gozlan (Léon). Nouvelles. 1 vol.

Hamilton (Ant.). Mémoires du Comte de Grammont. 1 vol. *Papier de fil, portrait*.

Hugo (Victor). Odes et ballades. Orientales. 2 vol. *Portrait*. — Feuilles d'automne. Chants du crépuscule. 1 vol. — Voix intérieures. Rayons et ombres. 1 vol. *Portrait*. — Les Châtiments. 1 vol. *Portrait*. — Les Contemplations. 2 vol. — La légende des siècles. 1 vol. *Portrait*. — L'année terrible. 1 vol. — Théâtre. Tomes 1. 2. 4. *Portrait*.

Laprade (V. de). Psyché. Odes et poèmes. Harmonies. 1 vol. *Portrait*. — Symphonies. Idylles héroïques. 1 vol.

Madelène (J. de). Le marquis de Saffras. 1 vol. *Portrait*.

Maistre (X. de). Voyage autour de ma chambre, etc. 1 vol. *Portrait*.

Musset (P. de). Lui et elle. 1 vol.

Sully-Prudhomme. Poésies. 1872-1878. 1 vol.

Térence. Comédies. Traduction par C. Hinstin. 3 vol. *Papier de fil*.

Theuriet (A.). Nouvelles. 1 vol.

Vigny (Alf. de). Cinq Mars. 2 vol. — Servitude et grandeur militaires. 1 vol. — Stello. 1 vol.

516. PETITE BIBLIOTHÈQUE DE LUXE des Romans Célèbres. *Paris, Quantin*, 1880-1885. 4 vol. in 8, br., non rog., couv. impr. *Papier vergé, texte encadré d'un filet rouge.*

Furetière (A.). Le Roman bourgeois. Préface de Em. Colombey. Portrait et eaux-fortes de Dubouchet, fac-simile. 1 vol.

Chateaubriand. Atala, René le dernier Abencérage. Préface de Mario Proth. 4 eaux-fortes de Los Rios, 14 vign. de Fr. Régamey. 1 vol.

Diderot (Denis). Le neveu de Rameau. Notice, notes, etc. par Gust. Isambert. Portrait, eaux-fortes par St-Elme Gauthier, fac simile. 1 vol.

Tencin (Mme de). Mémoires du Cte de Comminges. Le siège de Calais. Notices et notes par M. de Lescure. Portrait et eaux-fortes de Dubouchet, fac-simile. 1 vol.

517. PETITE COLLECTION ANTIQUE. *Paris, Quantin*, 1878-89. En 14 vol. in-18, br., non rog. couv. impr., texte encadré.

Chacun de ces vol. est orné de vignettes, en têtes, culs-de-lampe, etc., en couleurs, camaïeu, grisaille, etc.

Apulée. L'Amour et Psyché. — *Longus.* Daphnis et Chloé. — *Musée.* Héro et Léandre. — *Ovide.* Les Amours. — *A Tatius.* Leneippe et Clitophon. — *Lucien.* Dialogues des courtisanes. — *Virgile.* Les Bucoliques. — Anacréon et Sapho. — *Apollonius de Rhodes.* Jason et Médée. — *Horace.* Odes et Epodes. — *Théocrite.* Les Idylles. — *Properce.* Les Elégies. — *Lucius.* L'âne. — *Catulle.* Odes à Lesbie.

518. PETITOT. Les Emaux de Petitot du Musée Impérial du Louvre. Portraits de personnages historiques et de femmes célèbres du siècle de Louis XIV, gravés au burin par L. Ceroni. *Paris, Blaisot*, 1862. 2 vol. in 4, cart. toile, fers spéc. de l'édit., tête dor., non rog.

Complet des 50 portraits. Très légères rousseurs.

519. Le Même, la suite des 50 portraits seuls, en feuilles, à toute marge.

520. PETITS CHEFS-D'ŒUVRE (Les). *Paris, Quantin*. 1872-1876. 19 vol. in 12, dos et coins veau lisse, tête dor., non rog. *Papier de hollande.*

X. de Maistre. Voyage autour de ma chambre. — *Le Sage.* Turcaret. — *Gresset.* Ver-vert. — *La Boétie.* La servitude volontaire. — *Hamilton.* Contes. 4 vol. — Voyage de Chapelle et de Bachaumont. — *Gentil Bernard.* L'art d'aimer. — *Gresset.*

Le méchant. — *Montesquieu.* Le temple de Gnide. — *Diderot.* Le neveu de Rameau. — *Regnard.* Voyage en Laponie. — *B. de St Pierre.* La chaumière indienne, suivie du Café de Surate. — Lettres Portugaises. — La farce de Pathelin. — *Berchoux.* La Gastronomie. — *Piron.* La métromanie.

521. PETITS CHEFS D'ŒUVRE DU XVIIIe SIÈCLE. *Paris, Rouveyre,* 1880-1882. 3 vol. in 8, br., non rog., couv.

Papier Seychall Mill, frontisp, et vignettes.
De Favre. Les quatre heures de la toilette des dames.
Du Buisson. Tableau de la volupté.
Pezay (Mis de). Zélis au bain.

522. LES PETITS CHEFS-D'ŒUVRE. Tirage à petit nombre sur papier de hollande. *Paris, Jouaust,* 1877-1890. 27 vol. in 12, br., non rog., couv. impr.

Cazotte. Le Diable Amoureux. — Fiévée. La dot de Suzette.— Mémoires de Perrault. — Lettre de Mlle Aïssé. — Mme de Duras. Ourika. — Madrigaux de La Sablière. — Mme de Duras. Edouard. — Benj. Constant. Adolphe. — Beaumarchais. Clavijo. — Contes d'Hégésippe Moreau. — Sedaine. Le philosophe sans le savoir. — Mme de Genlis. Mlle de Clermont. — Pascal. Discours sur les passions de l'amour, etc., etc.

523. PETITS CONTEURS DU XVIIIe SIÈCLE. Publiés avec notices bio-bibliographiques par Oct. Uzanne. *Paris, Quantin,* 1878-1882. 12 vol. in 8, br., non rog., couv. impr., et 12 cartons contenant les **suites d'eaux-fortes** relatives à chaque ouvrage. *Collection complète.*

Contes du chevalier de Boufflers. — Contes de l'Abbé de Voisenon. — Contes dialogués de Crébillon. — Facéties du Cte de Caylus. — Contes de Moncrif. — Contes du Ch^ier^ de la Morlière. — Contes de Ch. Pinot Duclos. — Contes de J. Cazotte. — Contes du Bon de Besenval. — Contes de Restif de la Bretonne. — Contes de Fromaget. — Contes de Godard d'Aucour.

524. PETITS POÈTES DU XVIIIe SIÈCLE. Publiés avec notices bio-bibliographiques sous la direction de Oct. Uzanne. *Paris, Quantin,* 1879-1884. 12 vol. in-8, br., non rog., couv. impr. *Papier de hollande, portraits, eaux-fortes et fac-similés.*

Poésies de : J. Vadé. — Piron. — Chevalier Bertin. — Desforges-Maillard. — Lattaignant. — Gilbert. — De Bernis. — Gresset. — Gentil Bernard. — Malfilâtre. — Chevallier Bonnard. — Boufflers.

525. PÉTRARQUE. Les sonnets de Pétrarque. Traduction complète en sonnets réguliers avec introduction et commentaire par Philibert Le Duc. *Paris, Willem*, 1877-79. 2 vol. in 8, dos et coins de maroq. rouge, tête dor., non rog., dos orné. (*Smeers*).

Tiré à 100 exempl. sur papier de hollande (nº 38). Portraits en double état, bistre et noir, avant la lettre.

526. PÉTRUS BOREL (Le Lycanthrope). Madame Putiphar. Seconde édition conforme pour le texte et les vignettes à l'édition de 1839. Préface par M. J. Claretie. *Paris, Willem*, 1877. 2 vol. in 8, dos et coins maroq. vert, tête dor., non rog., dos orné. (*Smeers*).

Tiré à 250 ex. sur hollande (nº 83). Grav. hors texte en bistre.

527. **PEYRE** (Roger). **NAPOLÉON Ier ET SON TEMPS.** Histoire militaire, gouvernement intérieur, lettres, sciences et arts. Ouvrage illustré de 13 planches en couleur et 431 gravures et photograv. d'après les monuments de l'époque et les monuments de l'art, et accompagné de 21 cartes ou plans. *Paris, F. Didot*, 1888. In 4 en feuilles, dans l'emboîtage de l'édit.

Exemplaire en grand papier du japon (nº 37).

528. PEZAY (le Mis de). Zélis au bain. Poème en quatre chants. Edition ornée de figures par Eisen. *Paris, Lemonnyer*, 1883. In 8 en feuilles, dans le cartonnage satin illust. de l'édit.

Tiré à 250 ex. seulement sur papier du japon (nº 184), avec les figures coloriées.

529. PIEDAGNEL (Alex.). Un bouquiniste parisien. Le père Lécureux. Frontispice à l'eau-forte par Maxime Lalanne. *Paris, Rouveyre*, 1878. In 8, br., non rog., couv. imp.

Un des 10 ex. en grand papier de chine (nº 13).

530. PLON (Eug.). Benvenuto Cellini. Orfèvre, médailleur, sculpteur. Recherches sur sa vie, sur son œuvre, et sur les pièces qui lui sont attribuées. Eaux-fortes de Paul Le Rat. *Paris, Plon*, 1883. Gr. in 4, br., non rog., couv. impr.

L'ouvrage renferme 17 eaux-fortes de Le Rat et Baudran, 29 héliogravures, 42 dessins et bois, etc.

531. PLON (Eug.). Thorvaldsen, sa vie et son œuvre. Ouvrage enrichi de 2 gravures au burin par F. Gaillard, et de 35 compositions du maître, gravées sur bois par Carbonneau. *Paris*, *Plon*, 1867. In 4, br., non rog., couv. impr.

Les planches sur acier sont tirées sur chine.

532. POGE. Les facécies de Poge, Florentin, traitant de plusieurs nouvelles choses morales. Traduction française de G. Tardif, réimpr. pour la prem. fois avec une préface, etc., par M. A. de Montaiglon. *Paris*, *Willem*, 1878. In 8, dos et coins de maroq. bleu, tête dor., non rog., dos orné *(Smeers). Exempl. en papier de hollande numéroté.*

533. POE (Edgar). Histoires extraordinaires.— Nouvelles histoires extraordinaires. Traduites par **Ch. Beaudelaire.** *Paris*, *Quantin*, 1884. 2 vol. in 8, br., non rog., couv. ill.

Chaque vol. est orné de 13 planches hors texte gravées à l'eau-forte.

534. PONSARD (F.). Œuvres complètes. *Paris*, *Lévy*, 1865-76. 3 vol. in 8, br., non rog., couv. impr.

535. PORTFOLIO de photographies des villes, paysages et peintures célèbres rassemblées par John L. Stoddard, contenant une collection rare et choisie des vues photographiques de la nature, etc. *Chicago*, *The Werner Coy*. *s. d.* 16 fasc. in folio oblong, dans leurs couv.

536. PORTRAITS. Souvenir d'une promenade à Versailles. *S. l. n. d.* In 4, cart. toile, non rog.

Collection de 48 portraits de personnages célèbres, hommes et femmes, reproduits sur acier.

537. **POTTIER** (André). **HISTOIRE DE LA FAIENCE DE ROUEN.** Ouvrage posthume publié par les soins de MM. l'Abbé Colas, Gust. Gouellain et R. Bordeaux, orné de 60 planches imprimées en couleurs et de vignettes d'après les dessins de Mlle Emilie Pottier. *Rouen*, *Le Brument*, 1870. In 4, dos et coins maroq. olive, tête dor., non rog., dos orné et mosaïqué. *(Smeers)*.

Bel exemplaire. Papier vergé.

538. POUCHET (F. A.). L'univers. Les infiniment grands et les infiniment petits. Illustré de 343 vignettes sur bois et de 4 pl. en couleurs par A. Faguet, Mesnel, etc. *Paris, Hachette*, 1868. In 4, br., non rog., couv. impr.

539. PRÉVOST (abbé). Histoire du Chevalier Des Grieux et de Manon Lescaut. *Paris, Lemerre*, 1880. In 12, dos et coins maroq., tête dor., non rog., dos orné. (*Smeers*.)

Exempl. en papier de hollande, complet des 6 eaux-fortes d'après Gravelot et Pasquier, avant la lettre.

540. PRÉVOST (abbé). Histoire de Manon Lescaut et du Chevalier des Grieux, précédée d'une étude par Arsène Houssaye. 6 eaux-fort[illegible] par Hédouin. *Paris, Jouaust*, 1884. 2 vol. in-12, mar[illegible] rouge, 3 fil. sur les plats, large dent. int., dos orné de petits fers, tr. dor. sur marb. (*Smeers*).

541. PRÉVOST (Abbé). Manon Lescaut. Préface de M. de Lescure. Eaux-fortes de Lalauze. Variantes et bibliographie. *Paris, Quantin*, 1879. In 8, dos et coins maroq. grenat, tête dor., non rog., dos orné, texte encadré. (*Smeers*).

Portrait, eaux-fortes et fac-simile. De la petite Bibliothèque de luxe des romans célèbres.

542. PRÉVOST (Abbé). Histoire de Manon Lescaut et du Chevalier des Grieux. Préface de Guy de Maupassant. Illustrations de Maurice Leloir. *Paris, Launette*, 1885. In 4, br., non rog., couv. illustr.

12 eaux-fortes hors texte gravées par Louis Ruet, 225 vignettes et ornements gravés sur bois par J. Huyot.

543. PRÉVOST (Abbé). Suite complète de 1 portrait et 10 vignette à l'eau-forte pour illustrer *Manon Lescaut, édition Quantin*. En feuilles, marges in 4.

544. PROUDHON (P.-J.). La pornocratie ou les femmes dans les temps modernes. *Paris, Lacroix*, 1875. Petit in 8, br., non rog., couv.

Un des 24 exempl. sur papier de hollande (n° 24). Portrait sur chine.

545. QUATRELLES. A coups de fusil. Ouvrage illustré de 30 dessins originaux hors texte par A. de Neuville. *Paris*, *Charpentier*, 1877. In 4, dos et coins maroq. rouge, tête dor., non rog., dos orné. (*Smeers*).

546. QUÉRARD (J. M.). Les supercheries littéraires dévoilées. Galerie des écrivains français de toute l'Europe qui se sont déguisés sous des anagrammes, des astéronymes, des cryptonymes, etc. 2e édition considérablement augmentée, publiée par Gust. Brunet et P. Jannet, suivie : 1o du dictionnaire des ouvrages anonymes par Ant. Alex. Barbier ; 2o d'une table générale des noms réels, etc. *Paris*, *Daffis*, 1869. 3 vol. in 8, dos maroq. Lavallière, tête dor., non rog.

547. **RABELAIS. — LES QUATRE LIVRES** de Maistre François Rabelais, suivis du manuscrit du cinquième livre, publiés par les soins de A. de Montaiglon et Louis Lacour. — Rabelais et son œuvre. Etude historique et littéraire, par E. Noël. *Paris*, *Jouaust*, 1868-1870. Ensemble 4 vol. in 8, maroq. rouge, très large dent. au petit fer sur les plats, dos orné, large dent. int., tr. dor. sur marbr. (*Smeers*).

Exempl. en papier vergé numéroté, dans lequel on a intercalé 6 portraits et 116 gravures, avant la lettre et avec la lettre, des suites anciennes et modernes de : Bernard Picquart, Edit. Bastien, Bracquemond, Boilvin, etc.

548. RABELAIS (F.). Les cinq livres de F. Rabelais, publiés avec des variantes et un glossaire par P. Chéron, et ornés de 11 eaux-fortes par E. Boilvin. *Paris*, *Jouaust*, 1871. 5 vol. in 12, maroq. chaudron, 3 fil. sur les plats, dos orné au petit fer, large dent. int., tr. dor. sur marbr. (*Smeers*).

549. **RABELAIS. — ŒUVRES DE RABELAIS**. Texte collationné sur les éditions originales avec une vie de l'auteur, des notes et un glossaire. Illustrations de Gustave Doré. *Paris*, *Garnier*, 1873. 2 vol. in fol., carton. toile, fers spéciaux de l'éditeur, non rog.

Grand papier de hollande no 9, avec toutes les planches hors texte tirées sur chine, avant la lettre.

550. RABELAIS. — GORDON (Dr R.). F. Rabelais à la Faculté de médecine de Montpellier. Autographes, docu-

ments et fac-simile. *Montpellier*, *Coulet*, 1876. In 4, dos et coins maroq. rouge, tête dor., non rog. (*Smeers*).

Papier de hollande numéroté.

551. RABELAIS. Ouvrages de Rabelais ou études sur Rabelais. *Paris*, *Divers*. 5 vol. pet. in 8 ou in 8, br. *Portraits*.

De l'autorité de Rabelais dans la Révolution présente. Ouvrage de *Guinguené*, publié en 1791. — Le Rabelais de poche, par *E. Noël*. — Les Songes drôlatiques de Pantagruel, avec figures de Rabelais. Introd. par *Edwin Tross*. — Simples notes sur la vie de Fr. Rabelais, par le *Bibliophile Jacob*. — Sept dixains de sonnets tirés de Rabelais, par *A. de Montaiglon*.

552. RACINE (Jean). Œuvres. Texte original avec variantes. Notice par Anatole France. *Paris*, *Lemerre*, *s. d.* 5 vol. in 12, dos et coins de chagr., tête dor., non rog., dos orné. (*Smeers*).

Papier de hollande et suite de 13 eaux-fortes, d'après Gravelot.

553. RACINE. Collection des 57 estampes dessinées et gravées pour les œuvres de J. Racine. Edition du Louvre par les premiers artistes. Notice historique par P. L. Jacob. *Paris*, *Willem*, 1877. In folio, dos et coins maroq. rouge, tête dor., non rog. (*Smeers*).

Exemplaire en papier vélin (n° 23). Légères rousseurs.

554. **RACINET. — L'ORNEMENT POLYCHROME.** 100 planches en couleurs, or et argent, contenant environ 2,000 motifs de tous les styles : art ancien et asiatique, moyen-âge, renaissance, XVIIe et XVIIIe siècles. Recueil historique et pratique avec des notices, etc. — 2e série : XIXe siècle. 120 planches en couleurs, or et argent. *Paris*, *F. Didot*, *s. d.* En 2 vol. in folio, dos maroq. bleu, tête dor., non rog., jansén., couv. cons. *Bel exemplaire*.

555. **RACINET. — LE COSTUME HISTORIQUE.** 500 planches. 300 en couleurs, or et argent, 200 en camaïeu. Types principaux du vêtement et de la parure rapprochés de ceux de l'intérieur de l'habitation... etc., avec de nombreux détails sur le mobilier, les armes, les objets usuels, etc. *Paris*, *F. Didot*, 1888. 6 vol. in folio. dos maroq. rouge, tête dor., non rog., jansén., couv. cons.

Bel exempl. de la grande édition.

556. RATHERY ET BOUTRON. Mademoiselle de Scudéry, sa vie et sa correspondance, avec un choix de ses poésies. *Paris, L. Techener*, 1873. Gr. in 8, br., non rog., couv. impr. *Portrait.*

Un des 50 ex. en grand papier de hollande, avec envoi autogr. des auteurs à M. St René Taillandier.

557. RECLUS (Elisée). Nouvelle géographie universelle. La terre et les hommes. *Paris, Hachette*, 1876-94. En 19 vol., in 4, dos et coins chagr. vert, tête dor., non rog., dos orné.

Exempl. complet, très grand nombre de cartes en couleur, cartes dans le texte, vues et types.

558. RECLUS (Elysée). La terre. Description des phénomènes de la vie du globe. Les continents. — L'océan, l'atmosphère, la vie. *Paris, Hachette*, 1868-69. 2 vol. in 4, br., non rog., couv. impr.

437 cartes ou fig. intercalées dans le texte, et 51 cartes en couleur.

559. RECLUS (O.). La France et ses colonies. En France, 1 vol. — Nos colonies, 1 vol. — Ouvrage contenant 500 gravures et 39 cartes. *Paris, Hachette*, 1887-89. 2 vol. in 4, dos et coins de maroq. rouge, tête dor., dos orné.

560. REGNARD (J.-F.). Voyage de Normandie. Préface par G. Bourbon. Illustrations de Ch. Denet. *Evreux, Hérissey*, 1883. In 16, br., non rog., couv. impr. *Papier japon.*

561. REGNARD (J. Fr.). Théâtre. Publié avec une notice et des notes par G. d'Heylli. *Paris, Jouaust*, 1876. 2 vol. in 8, br., non rog., couv. impr. *Portrait.*

Grand papier de hollande numéroté.

562. REGNARD. Suite complète de 1 portrait par Rigaud, gravé par Tardieu, et de 11 figures dessinées par Moreau et Marillier, gravées par Simonet, De Longueil, Langlois, Duponchel, etc. In-8, en feuilles. *Edition de* 1790.

563. RÉGNIER. Œuvres. *Paris, Académie des Bibliophiles*, 1867. In-8, dos et coins maroq. vert, tête dor., non rog., dos orné (*Smeers*). *Papier vergé numéroté.*

564. RÉGNIER (Mathurin). Œuvres. Texte original, avec notice, variantes et glossaire par E. Courbet. *Paris, Lemerre*, 1869. In 12, dos et coins de maroq. grenat, tête dor., non rog., dos orné (*Smeers*). *Papier de hollande. Portrait.*

565. REIBER (Emile). Les propos de table de la Vieille Alsace, Illustrés tout au long de dessins originaux des anciens maitres alsaciens. *Paris, Launette*, 1886. In 4, br., non rog., couv. illust.

Exempl. sur papier des Vosges à la forme, numéroté, illustré de bois à la manière ancienne avec grandes lettres ornées. Texte encadré d'un double filet rouge. Prospectus joint.

566. **RELATION DE L'ARRIVÉE DU ROI AU HAVRE DE GRACE,** le 19 Septembre 1749, et les fêtes qui se sont données à cette occasion. *Paris, Imprimerie d'Hipp. Louis Guérin et de Louis F. de La Tour*, 1753. Grand in fol. de 2 ff. prélim., 16 pages de texte, et 6 planches gravées par Ph. Le Bas d'après Descamps, veau écaille, compart. de filets avec fleurons aux angles, armes de la ville du Havre au centre des plats, dos orné du chiffre couronné de Louis XV, dent. int., tr. dor. (reliure de l'époque).

Bel exempl. du livre le plus rare de la série des « Fêtes et réjouissances ».

567. RÉMUSAT. Mémoires de Mme de Rémusat, 1802-1808. Publiés par son petit-fils Paul de Rémusat. *Paris, Calmann Lévy*, 1880. 3 vol. in 8, dos chagr., plats toile, tête dor., non rog.

568. RESTAURATION. Galerie historique de la Restauration française. Album des portraits des souverains, princes, princesses, ministres et grands dignitaires de cette intéressante époque, accompagnés de notices histor. et biogr. *Paris, s. d.* In folio, dos chagr., plats toile, fers spéc., dos fleurdelysé, tr. dor., étui.

Galerie de 24 portraits en pied, gravés sur acier et tirés sur chine.

569. RETZ. Œuvre du Cardinal de Retz. Publiées par Alph. Feillet sous la direction de Ad. Regnier. Tomes 1 à 5. *Paris, Hachette*, 1870. 5 vol in 8, br., non rog., couv. *Papier vergé.*

De la collection des « Grands Ecrivains de la France ».

570. REVUE DES ARTS DÉCORATIFS. Années 1880 (origine) à 1885 inclus. *Paris, Quantin,* 1880-1885. La 1re année en 1 vol. br., non rog., couv., les autres années en fasc. in 4, br., non rog., couv.

Très nombreuses reproductions en héliogravure, en bois, etc. tirées hors texte et dans le texte. On y a joint le catalogue de l'exposition de 1882.

571. REVUE des Documents historiques. Suite de pièces curieuses et inédites, publiées avec des notes et des commentaires par Etienne Charavay. Années 1873-74 (origine) à 1880 inclus. *Paris, Lemerre,* 1873-1880. En 7 vol. in 8, br., non rog., couv. impr.

Papier de Hollande. Planches et fac-similés.

572. REVUE ENCYCLOPÉDIQUE. Recueil documentaire universel et illustré, publié sous la direction de M. Georges Moreau. Années 1891 à 1900 incluses. *Paris, Larousse,* 1891-1900. Les années 1891 à 1898 en 8 vol. in 4, demi chagr., pl. toile, tr. jasp., le reste en fasc. br., dans leur couv. *Nombreuses illustrations.*

573. REYBAUD (Louis). Jérôme Paturot à la recherche d'une position sociale. Edition illust. par J. J. Grandville. *Paris, Dubochet,* 1846. Grand in 8, cart. toile, fers spéc. de l'édit., tr. dor., (rousseurs). *1er tirage.*

574. REYBAUD (Louis). Jérôme Paturot à la recherche de la meilleure des Républiques. Edition illustrée par Tony Johannot. *Paris, M. Lévy,* 1849. Grand in 8, cart. toile, fers spéc. de l'édit., tr. dor. (Légères rousseurs). *1er tirage.*

575. RICHELIEU. Mémoires d'Armand Du Plessis de Richelieu, évèque de Luçon, écrit de sa main, l'année 1607 ou 1610. Publié d'après l'original inédit. *Paris, Plon,* 1880. Gr. in 8, br., non rog., couv. impr. *Grand papier whatman (no 10).*

576. **RICHEPIN** (Jean). **LES DÉBUTS DE CÉSAR BORGIA**. *Paris, publié pour la Société des Bibliophiles contemporains,* 1890. Grand in 8, br., non rog., couv.

Ouvrage tiré à 186 ex. seulement pour les membres de la Société (*n° 108, M. Arthur Noël*), et non mis dans le commerce. Illustré de 13 compositions par Rochegrosse, gravées à l'eau-forte par P. Avril, Courboin, Fornet et Manesse, coloriées à la main. Exempl. contenant le tirage à part, en noir, des illustrations.

577. RICHEPIN (J.). La chanson des gueux, — Le Pavé, — Les Blasphèmes. *Paris, M. Dreyfous*, 1881-1885. 3 vol. in 12, dos et coins chagr. grenat, tète dor., non rog., dos orné. *Portrait à l'eau-forte dans la « chanson des Gueux »*.

578. RIS-PAQUOT. Manuel du collectionneur de faïences anciennes. Ouvrage initiant les amateurs, etc. 56 sujets en couleurs retouchés à la main et plus de 90 dessins et monogrammes en noir dans le texte. *Paris, Simon*, 1877-78. In 8, dos et coins maroq. bleu, tète dor., non rog., dos orné. (*Smeers*).

579. **ROBERT-MACAIRE. — LES CENT-ET-UN ROBERT MACAIRE** composés et dessinés par H. Daumier, sur les idées et les légendes de Ch. Philippon, réduits et lithographiés par MM***. Texte par Maurice Alhoy et Louis Huart. *Paris, Aubert*, 1840. 2 vol. in 4, en feuilles, couv. verte de Célestin Nanteuil conservée, non rog.

Bel exemplaire lavé et encollé, prêt pour la reliure.

580. ROBIDA (A.). Voyage de fiançailles au xxe siècle. Texte et dessins par A. Robida. *Paris, Conquet*, 1892. Petit in 8, br., non rog., couv. ill.

Papier de chine, signé de l'éditeur et non mis dans le commerce.

581. ROBIQUET (Paul). Theveneau de Morande. Etude sur le xviiie siècle. Portrait et 5 pl. hors texte. *Paris, Quantin*, 1882. In 8, br., non rog., couv. impr.

582. RODDAZ (C. de). L'art ancien à l'exposition nationale belge, publié sous la direction de C. de Roddaz. *Paris, Didot*, 1882. In 4, br., non rog., couv. ill.

Chromolithogr. rehaussées d'or et d'argent, eaux-fortes, bois dans et hors le texte.

583. ROI RENÉ. Œuvres complètes du roi René, avec une biographie et des notices par M. le Cte de Quatrebarbes et un grand nombre de dessins et ornements d'après les tableaux et manuscrits originaux par M. Hawke. *Angers, Cosnier et Lachèse*, 1845-46. 4 tomes en 2 vol. gr. in 4, dos et coins chagr., tête dor., non rog.

Nombreuses pl. lithographiées.

584. ROSSET (de). L'Agriculture. Poème. *A Paris, chez Moutard*, 1774. In 4, veau, dos orné, tr. marbr.

1 frontisp. par St Quentin, 1 fleuron sur le titre et 2 petites vignettes par Marillier, 6 figures par de Lautherbourg et 6 vignettes par St Quentin.

585. **ROUEN ILLUSTRÉ**, par P. Allard, l'Abbé J. Loth, Vte R. d'Estaintot, P. Baudry, J. Adeline, J. Félix, etc. Introduction par Ch. Deslys. 48 eaux-fortes par J. Adeline, Brunet-Debaisnes, Max. Lalanne et H. Toussaint. *Rouen, Augé*, 1880-1884. 2 vol. in folio, en feuilles dans leurs couv. de livraisons.

Edition de luxe tirée à 180 ex. (no 114) sur papier de hollande, avec encadrement rouge à chaque page ; les eaux-fortes sont en épreuves avant la lettre (*sauf la première du tome I*).

586. ROUVEYRE (Edouard). Connaissances nécessaires à un bibliophile. 2 vol. — Etablissement d'une bibliothèque, conservation et entretien des livres, etc., 1 vol. *Paris, Rouveyre*, 1877-1879. 3 vol. in 8, br., non rog., couv. impr. *Papier de hollande avec planches*.

587. SAINT-AUGUSTIN. Les confessions. Traduction nouvelle avec introduction par Ed. Saint-Raymond. Illustrées de 8 eaux-fortes composées et gravées par Ad. Lalauze. *Paris, Hurtrel, s. d.* Gr. in 8, br., non rog., couv. impr. *Papier vélin numéroté*.

588. SAINT-EVREMOND. Œuvres mêlées. Revues, annotées et précédées d'une histoire de la vie et des ouvrages de l'auteur par Ch. Giraud. *Paris, Techener*, 1865. 3 vol. in 12, dos et coins chagr. bleu, tête dor., non rog., dos orné.

589. SAINT-LAMBERT. Les Saisons. Poème. (Suivi des pièces fugitives). *Paris, P. Didot*, 1796. In 4, br., non rog.

Grand papier avec les 4 figures de Prudhon, Gérard et Chudi, tirées avant toute lettre.

590. **SAINT-PIERRE** (Bernardin de). **PAUL ET VIRGINIE**, suivi de la Chaumière Indienne. *Paris, Curmer*, 1838. Grand in 8, dos et coins chagr., tête dor., non rog., dos orné (*reliure de l'époque*).

Complet des gravures sur bois et des portraits sur acier tirées sur chine, avec la légende sur les gardes de papier rose de l'édition.
On a ajouté un portrait du Docteur, gravé par Cook et tiré sur chine volant (en plus de celui de Meissonier). *Ex-libris Charles Cousin.*

591. SAINT-PIERRE (B. de). Paul et Virginie. Préface par J. Janin. Compositions d'Emile Lévy gravées à l'eau-forte par Flameng. Dessins de Giacomelli gravés sur bois par Rouget et Sargent. *Paris, Jouaust*, 1875. In 12, maroq. brun, 3 filets sur les plats, dos orné, large dent. int., tr. dor. sur marbrure (*Smeers*).

De la collection Bijou ; on a ajouté aux compositions de E. Lévy la suite de Hédouin (pour l'édit. Lemerre) et la suite de Ad. Lalauze, sur chine volant (pour l'édit. Liseux).

592. SAINT-PIERRE (B. de). Paul et Virginie. Préface de J. Claretie. Eaux-fortes de Fr. Régamey. Variantes et bibliographie. *Paris, Quantin*, 1878. In 8, dos et coins maroq. vert, tête dor., non rog., dos orné de petits fers, texte encadré (*Smeers*).

Portrait, eaux-fortes et fac-simile. De la petite Bibliothèque de luxe des romans célèbres.

593. SAINT-PIERRE (B. de). Paul et Virginie. Précédé d'une étude sur les origines de Paul et Virginie par S. Cambrai. Eaux-fortes de Laguillermie. *Paris, Jouaust*, 1878. In 12, dos et coins maroq. vert, tête dor., non rog., dos orné de petits fers (*Smeers*). *Portraits et 6 eaux-fortes.*

594. SAINT-PIERRE (B. de). Paul et Virginie. Illustrations de Maurice Leloir. *Paris, Launette*, 1887. In 4, br., non rog., couv. impr.

12 compositions à l'eau-forte et 120 dessins sur bois.

595. SAINT-PIERRE (Bernardin de). Suites complètes pour illustrer Paul et Virginie. En feuilles.

1° Suite Lemerre : 7 eaux-fortes dessinées et gravées par Ed. Hédouin. *Epreuves en grand chine, avant lettre.* In 4 ;
2° Suite Jouaust (collection Bijou) : 5 eaux-fortes dessinées par Em. Lévy. *Epreuves en grand chine, avant lettre*, tirées grand in 8.

596. **SAINTS-ÉVANGILES** (Les). Traduction tirée des œuvres de Bossuet par H. Wallon, enrichie de 128 grandes compositions gravées à l'eau-forte, d'après les dessins originaux de **Bida**, par Bida, Bodmer, Bracquemond, Chaplin, Flameng, etc. ; et de 290 titres ornés, têtes de chapitre ; culs-de-lampe, etc. gravés sur acier par L. Gaucherel d'après Ch. Rossigneux, etc. *Paris, Hachette*, 1873. 2 vol. grand in folio, en feuilles, dans les cartons de l'éditeur.

Un des très rares exempl. en grand papier de Hollande (n° 20), *imprimé pour Paul de Saint-Victor*. Ouvrage publié à 2,000 fr.

597. SAINT-SYLVESTRE (P.-D. de). Chefs-d'œuvre de l'art Antique, avec un texte explicatif en regard. Album. *Paris, Desbarres, s. d.* In folio, cart. toile, fers spéc., tr. dor.

L'ouvrage est orné de 46 grandes planches gravées sur acier. Légères rousseurs.

598. SAND (George). — LACROIX (Paul). Galerie des femmes de George Sand. 24 gravures en taille douce sur acier par H. Robinson. *Paris, Aubert*, 1843. Grand in 8, chagr. plein, fers spéc., tr. dor. (rel. de l'époque). *Légères rousseurs.*

599. SAND (George). La Marquise. *Paris, Calmann Lévy*, 1888. Petit in 8, br., non rog., couv. impr.

Edition Conquet avec 1 portrait et une suite d'eaux-fortes hors texte.

600. SAND (George). Les beaux Messieurs de Bois-Doré. Illustrations d'Adrien Moreau gravées sur bois par Brauer, Froment, Hamel, Méaulle, Rousseau et Thomas. *Paris, Testard*, 1892. 2 vol. in 4, br., non rog., couv. ill.

601. SANDEAU (Jules). Un début dans la magistrature. *Paris, Calmann Lévy*, 1887. Petit in 8, br., non rog., couv. impr.

Edition Conquet, avec 1 portrait et une suite d'eaux-fortes hors texte.

602. SARASIN. Poésies de François Sarasin, augmentées de documents nouveaux et de pièces inédites, publiées avec notices, préface et notes par Oct. Uzanne. *Paris, Librairie des Bibliophiles*, 1877. In 8, maroq. olive, 3 filets sur les plats, dos orné de petits fers, large dent. int., tr. dor. sur marbrure. (*Smeers*).

Papier de hollande, avec frontispice par Monziès et portrait d'après Robert Nanteuil, par Lalauze.

603. SATYRE MÉNIPPÉE (La) ou la vertu du catholicon, selon l'édition princeps de 1594. Edition nouvelle avec introd. et éclaircissements par M. Ch. Read. *Paris, Jouaust*, 1876. In 8, dos et coins maroq. olive, tête dor., non rog., dos orné. (*Smeers*).

Un des 170 ex. en grand papier de hollande (n° 82), avec un portrait de Henri IV, eau-forte de Lalauze.

604. SAUVAGE (Abbé). Etudes historiques normandes. Harfleur au XIVe siècle, son commerce et son industrie. *Rouen, Métérie*, 1875. In 4, br., non rog., couv.

Edition de luxe tirée à 75 ex. seulement sur vergé de hollande, avec un frontisp. à l'eau-forte tiré sur chine.

605. **SAUVAN. — PICTURESQUE TOUR OF THE SEINE,** from Paris to the sea : with particulars historical and descriptive. *Londres, Ackermann*, 1821. In 4, dos et coins maroq., tête dor., ébarbé, *témoins*.

Bel exemplaire complet des pl. en couleur, d'après les dessins de A. Pugin et J. Gendall. Ex-libris de G. J. Atkins.

606. SCARRON. Le Roman Comique, peint par J. B Pater et J. Dumont, réduit d'après les gravures, etc. par T. De Mare. *Paris, Rouquette*, 1883. In 4, br., non rog., couv. *Portrait et 16 vignettes*.

607. SCHOLL (Aurélien). Denise. Aquarelles de Grivaz, gravées par Arents. *Paris, Rouveyre et Blond*, 1884. In 8, br., non rog., couv. ill.

608. SCOTT (Walter). Œuvres. Traduction de Louisy, Daffry de la Monnoye, etc. Dessins de A. Marie, Riou, H. Scott, Ed. Toudouze, Ad. Moreau, Lalauze, etc. *Paris, F. Didot,* 1880-92. 19 vol. in 4, br., non rog., couv. ill. (*Quelques vol. dos cassé*).

Un des 100 exempl., *numéroté*, en grand papier à la forme. Collection complète sauf Waverley.

609. SÉVIGNÉ. Lettres de Marie de Rabutin-Chantal, Marquise de Sévigné à sa fille et à ses amis. Edition revue et publiée par U. Silvestre de Sacy. *Paris, Techener,* 1861. 11 vol. in 12, parch. blanc, ornements et titre peints à la main sur le dos, tête rouge, non rog. *Portrait.*

610. SHAKESPEARE. Galerie des femmes de Shakespeare. Collection de 45 portraits gravés par les premiers artistes de Londres. Enrichis de notice critiques et littéraires. *Paris, Delloye, s. d.* (1838). Grand in 8, dos et coins maroq. grenat, tête dor., ébarbé, dos orné de petits fers. (*Petit*).

Bel exemplaire lavé et encollé.

611. SHAKESPEARE. Roméo et Juliette. Traduction de Daffry de La Monnoye. Illustrations de Andriolli, gravures de Huyot. *Paris, F. Didot, s. d.* Grand in 4, br., non rog., couv. impr.

10 grandes compositions gravées sur bois et tirées hors texte.

612 SHAKESPEARE (W.). Œuvres complètes. Traduites par F. V. Hugo. *Paris, Lemerre, s. d.* 16 vol. in 12, br., non rog., couv. impr.

Papier de fil, frontispice à l'eau-forte gravé par Boilvin. On y a joint les 2 séries de la suite complète Lemerre, *sur grand chine avant lettre*, comprenant 36 eaux-fortes dessinées par H. Pille et gravées par L. Monziès, marges in 4.

613. SIEGFRIED (Jules). Quelques mots sur la misère. Son histoire, ses causes, ses remèdes. *Le Havre,* 1877. In 8, dos et coins chagr., tête dor., non rog.

Grand papier de hollande numéroté, planches. Envoi autographe signé de l'auteur.

614. SIEURIN (J.). Manuel de l'Amateur d'illustrations. Gravures et portraits pour l'ornement des livres français et étrangers. *Paris, Labitte*, 1875. In 8, dos et coins maroq. rouge, tête dor., non rog.

615. LE MÊME, br., non rog., couv. impr.

616. SIRET (Ad.). Dictionnaire historique et raisonné des peintres de toutes les écoles, depuis l'origine de la peinture jusqu'à nos jours. 3e édition originale. *Bruxelles, Paris*, 1883. Complet en 7 fasc. grand in 8, br., non rog., dans leurs couv.

La 7e livraison contient les 105 planches et les titres et tables. Dernière édition publiée.

617. **SOCIÉTÉ DES ANCIENS TEXTES FRANÇAIS.** *Paris, F. Didot*, 1875-99. Ensemble 72 vol. in 8, reliés toile, fers sp., non rog., et 1 album in folio, cart.

Collection complète de tous les ouvrages parus jusqu'à ce jour, publiés avec des notes, notices, glossaires, fac-simile, etc., par les linguistes les plus autorisés : A. de Montaiglon, P. Meyer, G. Paris, A. Gevaert, H. Michelant, Alf. Bos, Ulysse Robert, etc.

Aïol, chanson de geste, 1 vol.

L'amant rendu cordelier à l'observance d'amour, poème attribué à Martial d'Auvergne, 1 vol.

L'art de la chevalerie, traduction du De Re Militari de Végèce, par Jean de Meun. 1 vol.

Aymeri de Narbonne, chanson de geste, 2 vol.

Brun de la Montaigne, roman d'aventure, 1 vol.

Le chansonnier français de St-Germain-des-Prés, 1 vol.

Chansons françaises du XVe siècle, 1 vol.

La chirurgie de maître Henri de Mondeville, 2 vol.

Chronique du Mont St-Michel, 2 vol.

Les contes moralisés de Nicole Bozon, 1 vol.

Le couronnement de Louis, chanson de geste, 1 vol.

Daurel et Beton, chanson de geste provençale, 1 vol.

Le débat des herauts d'armes de France et d'Angleterre, suivi de the debate between the heralds of England, etc., 1 vol.

Deux rédactions du Roman des Sept Sages de Rome, 1 vol.

Elie de Saint-Gille, chanson de geste, 1 vol.

L'Escoufle, roman d'aventure, 1 vol.

Evangile de Nicodème (3 versions rimées de l'), par Chrétien, A. de Coutances et un anonyme, 1 vol.

Guillaume de la Barre, roman d'aventures, 1 vol.

Guillaume de Palerne, 1 vol.

Les plus anciens monuments de la langue française (Album de 9 pl.), 1 vol. in fol.

Li Abrejance de l'Ordre de Chevalerie, mise en vers de la traduction de Végèce de Jean de Meun, 1 vol.

Margival. Le dit de la Panthère d'amours. Poème du XIIIe siècle, 1 vol.

Méliador, par Jean Froissard, 2 vol.

Merlin, roman en prose du XIIIe siècle, 2 vol.

Miracles de Nostre-Dame, par personnages, 8 vol.

Le mistère de saint-Bernard de Menthon, 1 vol.

Le mistère du vieil testament, 6 vol.

La mort de Aymeri de Narbonne, chanson de geste, 1 vol.

Les Narbonnais, chanson de geste, 2 vol.

Œuvres complètes d'Eustache Deschamps, 9 vol.

Œuvres poétiques de Guillaume Alexis, prieur de Bucy, 1 vol.

Œuvres poétiques de Christine de Pisan, 3 vol.

Œuvres poétiques de Philippe de Remi, sire de Beaumanoir, 2 vol.

La prise de Cordres et de Sébille, chanson de geste, par O. Densunianu, 1 vol.

Les quatre âges de l'homme, traité moral de Ph. de Navarre, 1 vol.

Raoul de Cambrai, chanson de geste, 1 vol.

Le Roman de la rose ou de Guillaume de Dole, 1 vol.

Le Roman de Thèbes, 2 vol.

Rondeaux et autres poésies du XVe siècle, 1 vol.

Le saint voyage de Jhérusalem, du seigneur d'Anglure, 1 vol.

La vie de Saint Gilles, par G. de Berneville, poeme du XIIe siècle, 1 vol.

Vie de saint Thomas de Cantorbery, fragments en vers accouplés, 1 vol.

Le roman de Méliador, par Froissard, 1 vol.

On a joint un lot de bulletins de la Société, 1875 *à* 1899, *dont 2 ou 3 manquent.*

618. SOCIÉTÉ DES AQUA-FORTISTES FRANÇAIS. Salon de 1886. *Paris, Lahure*, 1886. En 3 fasc. in 4, br., non rog., couv. impr.

Exempl. en papier de hollande (n° 54). Chaque fasc. contient 10 eaux-fortes, avec le portrait de l'auteur en remarque.

619. **SOCIÉTÉ FRANÇAISE DE GRAVURE**, fondée en 1868, pour soutenir et développer l'art de la gravure. *Paris, Bureaux de la Gazette des Beaux-Arts*, 1868-1901. Collection de 93 planches in folio, en un carton.

Années 1868 (origine) à 1901 incluse. Gravures à l'eau-forte, sur bois, lithographiées, etc., reproductions des plus grands maîtres anciens et modernes, tirage sur chine monté. La collection comporte, à l'heure actuelle, 98 planches ; dans la nôtre il manque les nos 1, 16 à 18, 30.

620. **SOCIÉTÉ NORMANDE DE GRAVURE.** Planches exécutées par la Société, tirées à petit nombre sur japon pour les membres seulement. Années 1892 (origine) à 1901.

1892. — *La leçon de musique*, de Th. de Keyser, eau-forte par M. Manesse. — *L'officier de hussards*, de Géricault, eau forte par M. Manchon.

1893. — *La rue Damiette, à Rouen*, eau-forte originale par M. Brunet-Debaines. — *L'Ecluse de la vallée d'Optevoz*, de Daubigny, eau-forte par M. Lafond.

1894. — *Le cuirassier blessé*, de Géricault, eau-forte par M. Manchon.

1895. — *Buste de Victor Hugo*, de Rodin, gravure sur bois par M. Leveillé. — *Les fonts baptismaux de Saint-Romain de Rouen*, eau-forte par M. Hotin.

1896. — *Vue de l'ancien Hôtel de ville de Rouen*, d'après un dessin de la collection Lormier, eau-forte par M. Adeline.

1897. — *Le supplice des coins*, de Ribot, lithographie par Zacharie. — *Portrait de la duchesse de la force*, de De Troy, eau-forte par M. Manesse.

1898. — *Les bords de l'Oise*, de Daubigny, eau-forte par M. Brunet-Debaines.

1899. — *La partie de loto*, de Chaplain, gravure sur bois par Vintraut (*tirée sur chine*).

1900. — *Voiture traînée par des chiens, en Belgique*, de Stevens, Bruxelles, lithographie de Zacharie (*tirée sur blanc*).

621. **SOCIÉTÉ INTERNATIONALE CHALCOGRAPHIQUE.** *Paris, Londres, Berlin*. Collection complète des années 1886 à 1890 inclus. En portefeuilles.

95 planches gravées, de divers formats, reproductions des plus belles pièces anciennes des grands maîtres.

622. SOUVENIRS D'UNE COCODETTE. Suite complète de 1 frontispice et 10 eaux fortes par Chauvet, tirées in 8, sur hollande, *avant la lettre*.

623. STENDHAL (Henri Beyle). La Chartreuse de Parme. Réimpression de l'édition originale, illust. de 32 eaux-fortes par V. Foulquier. Préface de Francisque Sarcey. *Paris, Conquet*, 1883. 2 vol. in 8, br., non rog., couv. impr.

Papier vélin à la cuve numéroté. Prospectus joint.

624. STENDHAL (Henri Beyle). Le Rouge et le Noir. Réimpression textuelle de l'édition originale, illustrée de 80 eaux-fortes par H. Dubouchet. Préface de Léon Chapron. *Paris, L. Conquet,* 1884. 3 vol. in 8, br., non rog,, couv. impr.

Papier vélin de cuve numéroté. Prospectus joint.

625. **STENDHAL** (de) (Henri-Beyle). **L'ABBESSE DE CASTRO**, avec illustrations de Eug. Courboin. *Paris, publié pour les sociétaires de l'Académie des Beaux-Livres* (*Bibliophiles contemporains*), 1890. In 8, br., non rog., couv.

Ouvrage publié à 190 ex. seulement pour les membres de la Société (*n° 108, M. Arthur Noël*), et non mis dans le commerce. Illustré par Eug. Courboin de 12 en-têtes et culs-de-lampe, gravés à l'eau-forte, et de 7 encadrements tirés en différents tons.

626. STERNE (Laurence). Voyage sentimental en France et en Italie. Traduction nouvelle par Alf. Hédouin, 6 eaux-fortes par Ed. Hédouin. *Paris, Jouaust,* 1875. In 12 maroq. vert, 3 fil. sur les plats, large dent. int., dos orné de petits fers, tr. dor. sur marbr. (*Smeers*).

627. STERNE (L.). Voyage sentimental en France et en Italie. Trad. nouvelle et notice par Em. Blémont. Illustrations par Maurice Leloir, comprenant 220 dessins dans le texte et 12 grandes compositions hors texte. *Paris, Launette,* 1884. In 4, br., non rog., couv. illust.

628. STIELER (Adolt). Hand Atlas, über alle theile der Erde und über das Weltgebaüde. 95 karten. *Gotha, Justus Perthes,* 1882. Grand in folio oblong, dos et coins chagr., tr. jasp.

Atlas de 95 cartes coloriées.

629. SWIFT (J.). Les quatre voyages du capitaine Lemuel Gulliver. Traduction de l'abbé Desfontaines, revue, complétée et précédée d'une notice par H. Reynald. Gravures à l'eau forte par Lalauze. *Paris, Jouaust,* 1875. 4 vol. in 12, maroq. rouge, 3 fil. sur les plats, large dent. int., dos orné de petits fers, tr. dor. sur marbr. (*Smeers*).

630. **SWIFT** (Jonathan). **VOYAGES DE GULLIVER.** Traduction nouvelle et complète par B.-H. Gausseron. *Paris, Quantin, s. d.* in 4, br., non rog., couv. ill.

Un des 100 exempl. en grand papier du japon (nº 73), avec les jolies compositions coloriées et en noir, de Poirson.

631. TACONET (Maurice). Souvenirs d'Algérie. *Havre,* 1885. In 12, br., non rog., couv. impr.

Papier de Hollande, avec envoi autogr. de l'auteur.
Reproductions photographiques.

632. **TACONET** (Maurice). **PAR LES SENTIERS.** Contes et souvenirs. 52 compositions de Ed. Rudaux et Ch. Léandre, gravées à l'eau-forte par A. Lamotte et Ed. Rudaux. *Paris, Rouquette,* 1894. Petit in 8, br., non rog., couv. impr.

Un des exempl. sur grand papier du Japon (nº 66).
On a joint à l'exempl. le tirage à part sur grand Japon des 14 eaux-fortes pour illustrer le conte « Rose », et le portrait de l'auteur, tiré sur chine monté. *Planche rare.*

633. TAINE (H.). Les origines de la France contemporaine. L'ancien régime. 1 vol., — La Révolution, 3 vol., — Le régime moderne. 2 vol. *Paris, Hachette,* 1876-1894. 6 vol. in 8, dos et coins maroq. grenat, tète dor., non rog., jansén.

634. TALLEMAND DES RÉAUX. Les historiettes de Tallemand des Réaux. 3me édition... précédée d'une notice hist. et littér. inédite sur l'auteur, par MM. de Monmerqué et Paulin Paris. *Paris, Techener,* 1862. 6 vol. in 12, parch. blanc, ornements et titres peints à la main sur le dos, tète rouge, non rog.

635. TELLIER (Jules). Reliques. *s. l.* 1890. In 12, br., non rog., couv. impr. *Portrait sur Japon.*

636. THÉATRE DES BOULEVARDS. Réimprimé pour la première fois et précédé d'une notice par Georges d'Heylli. *Paris, Rouweyre,* 1881. 2 vol. in 12, br., non rog., couv. impr. *Papier vergé, frontispice.*

637. **THAUSING** (Moriz). — **ALBERT DURER**, sa vie et ses œuvres. Traduit de l'allemand avec l'autorisation de l'auteur par Gustave Gruyer. Ouvrage illustré de 75 grav. en taille-douce, en lithographie et sur bois. *Paris, Didot*, 1878. In 4, dos et coins maroq. rouge, tête dor., non rog., dos orné. (*Smeers*).

Exempl. en grand papier (nº 27).

638. THÉOLOGIE CATHOLIQUE. Mœchialogia. Morale matrimoniale, par un ancien Chanoine. *Paris, Per Lamm, s. d.* In 8, br., non rog., couv. impr.

639. THÉOLOGIE HINDOUE. Le Prem Sagar. Océan d'amour. Traduit par E. Lamairesse. *Paris, Per Lamm, s. d.* In 8, br., non rog., couv. imp.

640. THÉOLOGIE MUSULMANE. El Ktab. Des lois secrètes de l'amour, d'après El Khôdja Omer Haleby, Abou Othmân. Traduction, mise en ordre et commentaires de Paul de Régla. *Paris, Per Lamm, s. d.* In 8, br., non rog., couv. impr.

641. THÉOLOGIE MUSULMANE. Rauzat-Us-Safa (Jardin de pureté). Bible de l'Islam ou l'histoire sainte suivant la foi musulmane par l'historien persan Mirkhond. Traduite de l'anglais par E. Lamairesse. *Paris, Per Lamm, s. d.* In 8, br., non rog., couv. impr.

642. **THEURIET** (André). **NOS OISEAUX**. Aquarelles de Hector Giacomelli. *Paris, Launette*, 1886. En 5 parties in folio, en feuilles dans les cartons dos et coins de toile de l'édit.

Superbe ouvrage dont toutes les planches sont coloriées avec soin.

643. THIERS. Vignettes et portraits pour le Consulat et l'Empire. Dessins par **RAFFET**. *Paris, Furne*, 1845. Suite complète en 30 fasc. in 4, couv.

Chaque fasc. contient 2 gravures avec texte explicatif. Belles épreuves.

644. **TILLIER** (Claude). Mon oncle Benjamin. Nouvelle édition illustrée d'un portrait-frontispice et de 42 dessins de Sahib gravés sur bois par Prunaire, avec une préface

par Monselet. *Paris, Conquet*, 1881. 2 vol. in 8, br., non rog., couv. ill. en couleur.

Exempl. en grand papier vélin teinté numéroté.

645. TOURNOIS. Traicté de la forme et devis comme on faict les tournois, par Olivier de La Marche, Hardouin de la Jaille, Anthoine de La Sale, etc., mis en ordre par Bernard Prost. Enrichi de 16 planches, dont 9 doubles, coloriées au pinceau et rehaussées d'or. *Paris, Barraud*, 1878. Grand in 8, dos et coins maroq. grenat, tête dor., non rog., dos orné de petits fers. (*Smeers*).

Tiré à 260 ex. seulement sur vergé fort (n° 33).

646. TOUSSENEL (A.). L'esprit des bêtes. Zoologie passionnelle. Mammifères de France. *Paris, Dentu*, 1862. In 8, dos et coins de chagr., tête dor., non rog.

647. TROPLONG. Le Droit Civil expliqué suivant l'ordre des articles du code, depuis et y compris le titre de la vente. *Paris, Hingray-Duchemin*. 27 vol. in 8, dos chagr.

648. UCHARD (Mario). Mon oncle Barbassou. Orné de 40 compositions gravées à l'eau-forte par Paul Avril. *Paris, Lemonnyer*, 1884. Gr. in 8, br., non rog., couv. impr., dos cassé. *Papier vélin numéroté*.

649. **UZANNE** (Octave). **DICTIONNAIRE BIBLIOPHILOSOPHIQUE,** typologique, iconophilesque, bibliopégique et bibliotechnique, à l'usage des bibliognostes, des biblionianes et des bibliophilistins. *Paris, Imprimé pour les Bibliophiles contemporains*, 1896. In 8, br., non rog., couv. ill., dans l'emboît. spéc. de l'édition.

Ouvrage tiré à 176 ex. seulement pour les membres de la Société, (n° 110), et non mis dans le commerce. Nombreuses compositions de Heidbrinck, Granié, etc., gravées à l'eau-forte ; texte encadré.

650. UZANNE (Oct.). Documents sur les mœurs du XVIIIe siècle. *Paris, Quantin*, 1879-1883. 4 vol. grand in 8. *Papier de hollande*.

La Chronique Scandaleuse. Eaux-fortes de Lalauze et Mongin. 1 vol. dos et coins maroq. grenat, tête dor., non rog., dos orné (*Smeers*).

Anecdotes sur la Comtesse Du Barry. Eaux-fortes de Lalauze et Gaujean. 1 vol. br., non rog., couv. impr.

La Gazette de Cythère. Eaux-fortes de Gaujean. 1 vol. br., non rog., couv. impr.

Les mœurs secrètes du XVIIIe siècle. Eaux-fortes de Paul Avril et Gaujean. 1 vol. br., non rog., couv. impr.

651. UZANNE (Octave). Le calendrier de Vénus. *Paris, Rouveyre,* 1880. In 8, br., non rog., couv. ill. *Frontispice.*

652. UZANNE (Oct.). Correspondance de Mme Gourdan, dite la petite comtesse, pour servir à l'histoire des mœurs du siècle et principalement de celles de Paris, etc., etc. Etude causerie sur les sérails du XVIIIe siècle. *Bruxelles, Kistemaeckers,* 1883. In 8, br., non rog., couv. ill.

Eau-forte, texte encadré d'un fil. rouge.

653. **UZANNE** (Oct.). **L'ÉVENTAIL.** Illustrations de Paul Avril. *Paris, Quantin,* 1882. Gr. in 8, br., non rog., couv. ill., enfermé dans l'emboîtage satin ill. de l'éditeur.

Bel exempl. sur papier vélin et de 1er tirage.

654. UZANNE (Oct.). L'ombrelle, le gant, le manchon. Illustrations de Paul Avril. *Paris, Quantin,* 1884. Gr. in 8, br., non rog., couv. ill., enfermé dans l'emboîtage satin ill. de l'éditeur.

Bel exempl. sur papier vélin et de 1er tirage.

655. UZANNE (Octave). Son Altesse la Femme. Illustrations de H. Gervex, J. A. Gonzalès, L. Kratké, Alb. Lynch, Ad. Moreau et F. Rops. *Paris, Quantin,* 1885. In 4, br., non rog., couv. illust. en couleurs, dans l'emboîtage spécial en papier japonais fantaisie, avec rubans.

Papier vergé teinté des Vosges, avec les eaux-fortes hors texte tirées en couleurs et avant la lettre.

656. UZANNE (Octave). La française du siècle. Modes, mœurs et usages. Illustrations à l'aquarelle de Albert Lynch gravées à l'eau-forte en couleurs par Eug. Gaujean. *Paris, Quantin,* 1886. In 4, br., non rog., couv. illust. en couleurs avec motifs repoussés, dans l'emboîtage papier japonais fantaisie, avec rubans.

657. UZANNE (Oct.). Le miroir du Monde. Notes et sensations de la vie pittoresque. Illustrations en couleurs, d'après Paul Avril. *Paris, Quantin,* 1888. In 4, br., non rog., couv. ill., dans l'emboît. en cuir japonais fantaisie, doublure de satin.

Papier vélin de Hollande numéroté, avec 160 illust. de Paul Avril, sur hollande, gravées en taille-douce et en chromotypographie.

658. UZANNE (Octave). Nos amis les livres. Causeries sur la littérature curieuse, et la librairie. *Paris, Quantin,* 1886. In 8, br., non rog., couv. impr.

Grand papier whatman (nº 5.), avec le frontispice à l'eau-forte en triple état.

659. UZANNE (Oct.). La reliure moderne, artistique et fantaisiste. Illustrations reproduites d'après les originaux par P. Albert-Dujardin, et dessins allégoriques de J. Adeline, G. Fraipont et A. Giraldor. Frontisp. de Alb. Lynch, gravé par Manesse. *Paris, Rouveyre,* 1887. In 4, br., non rog., couv. ill.

660. UZANNE (Oct.). Le livre moderne. Revue du monde littéraire et des Bibliophiles Contemporains. — Table. *Paris, Quantin,* 1890-1891. Ensemble 5 vol. grand in 8, cart. dos toile, genre Bradel, tête dor., non rog., couv. cons. ent.

Papier vergé des Vosges numéroté. Eaux-fortes, en-têtes, culs-de-lampe, lettres ornées, fac-similés, etc.

661. UZANNE (O.). Le dillettantisme Littéraire et la curiosité. L'art et l'Idée, revue contemporaine illustrée *Paris, Quantin,* 1892. 2 vol. grand in 8, dos et coins parchemin blanc, tête dor., non rog., dos orné., couv. cons. ent.

Exempl. en grand papier vergé (nº 193). Nombreuses gravures et planches.

662. UZANNE (Oct.). La femme à Paris. Nos contemporaines. Notes successives sur les parisiennes de ce temps dans leurs divers milieux, états et conditions. Illustrations de Pierre Vidal. *Paris, Quantin,* 1894. In 4 br., non rog., couv. ill.

Papier vélin glacé et filigrané, et orné de 300 illust. dans le texte, la plupart en couleurs, et de 20 planches hors texte gravées à l'eau-forte et relevées d'aquarelles.

663. UZANNE. Notes pour la bibliographie du XIXe siècle. Quelques-uns des livres contemporains en exemplaires choisis, curieux ou uniques... tirés de la bibliothèque d'un écrivain et bibliophile parisien dont le nom n'est pas un mystère *Paris, Durel*, 1894. In 8, br., non rog., couv. imp.

Papier mauve vélin numéroté. Frontispice à l'eau-forte de Robida.

664. VACHON (Marius). L'ancien Hotel de ville de Paris. 1533-1871. *Paris, Quantin*, 1882. In 4, dos et coins, maroq. rouge, tête dor., non rog., couv. cons.

100 grav. dans le texte et 25 pl. hors texte, en taille douce.

665. VACQUERIE (Aug.). Tragaldabas. Edition illustrée de 54 compositions de Zier, gravées par F. Méaulle. *Paris, Chamerot*, 1886. In 4, br., non rog., couv. illust. *Papier vélin blanc numéroté.*

666. VADÉ. Le Pot-Pourri, ou préservatif de la mélancolie ; contenant la Henriade travestie, la Pipe cassée et autres poésie diverses. *A Londres (Paris, Cazin)*, 1783. In 18, veau, dos et plats ornés, tr. dor. *Ex-libris Viollet-le-Duc.*

667. VADÉ. La pipe cassée. Poème épitragipoissardihéroicomique. *Paris, Leclerc*, 1866. In 8, demi chag., dos orné, tête dor., non rog.

Tiré à 200 ex. seulement, avec en-têtes, fleurons et culs-de-lampe gravés à l'eau-forte.

668. VALLÈS (Jules). (Jacques Vingtras). L'Enfant. Edition illustrée de 12 eaux-fortes par Renouard. *Paris, Quantin*, 1884. In 8, dos et coins maroq. citron, tête dor., non rog., dos orné et mosaïqué. (*Ch. Meunier*).

669. VAN DYCK (Ant.). Icones principum victorum doctorum, pictorum, chalcographorum, statuariorum nec non amatorum pictoriæ artis numero centum. *Antverpiæ, Gillis Hendriex excudit*. Suite complète de 124 eaux-fortes in folio, en feuilles.

Une des premières réimpressions de la chalcographie du Louvre. Suite des portraits de Van Dyck tirés sur hollande et en belles épreuves.

670. VASILI (Cte Paul). Œuvres, *Paris, Nouvelle Revue*, 1884-88. En 7 vol. gr. in 8, br., non rog., couv. imp.

Société de Berlin, — Société de Vienne, — Société de Londres, — Société de Madrid, — Société de Rome, — Société de Paris : le grand monde, le monde politique, 2 vol.

671. VESQUE (Ch.). Histoire des rues du Havre. Origines. — Faits historiques. — Légendes. — Anecdotes. — Biographies, etc. *Havre, Brenier*, 1876. 3 vol. in 8, br., non rog., couv. impr.

Ouvrage complet.

672. LE MÊME. Tomes 1 et 3 br., non rog., couv. impr.

673. VESQUE (Ch.). Histoire des Théâtres du Havre. 1717 à 1872. Comprenant : l'historique des anciennes et des nouvelles salles de spectacle de cette ville ; le répertoire des pièces jouées, etc. *Havre, Labottière*, 1875. 2 tomes en 1 vol. in 8, dos et coins maroq. bleu, tête dor., non rog., dos orné (*Smeers*).

674. VÉTAULT (Alph.). Charlemagne. Introduction par Léon Gautier *Tours, Mame*, 1877. In 4, dos et coin de maroq. rouge, dos orné, tête dor., non rog.

Tiré à 120 exempl. sur papier vergé. (n° 63). Chromolithog., et planches hors texte tirées sur papier de chine.

675. VEUILLOT (Louis). Jésus-Christ. Avec une étude sur l'art chrétien par E. Cartier. Ouvrage contenant 180 gravures exécutées pa: Huyot père et fils et 16 chromolithographies. *Paris, F. Didot*, 1875. In 4, dos et coins chagr. rouge, tête dor., non rog., dos orné. (*Smeers*).

Exempl. en *grand papier* à la forme numéroté, planches sur chine.

676. VEULETTES et ses environs. *S-l. n. d. (Paris, Impr. Salmon)* In 4, dos et coins maroq. bleu, tête dor., non rog. (*Smeers*).

Suite de 1 frontispice et 21 eaux-fortes par Paul Langlois. avant la lettre. Très légères rousseurs.

677. VIAN (Louis). Histoire de Montesquieu ; sa vie et ses œuvres. Préface par Ed. Laboulaye. *Paris, Didier*, 1878. In 8, dos et coins maroq. rouge, tête dor., non rog., dos orné. (*Smeers*). Planche.

678. VICAIRE (Georges). Manuel de l'amateur de livres du XIXe siècle, 1801-1893. Editions originales. Ouvrages et périodiques illustrés. Romantiques, etc. Préface de Maurice Tourneux. *Paris, Rouquette*, 1894. Les 8 premières parties en 9 fasc. gr. in 8, br., non rog., couv. impr.

679. VIDAL (Antoine). Les vieilles corporations de Paris. La chapelle St-Julien-des-Ménestriers, et les ménestrels à Paris. 6 planches gravées à l'eau-forte par Fréd. Hillemacher, *Paris, A. Quantin*, 1878. In 4, br., non rog., couv. impr. *Papier de hollande numéroté.*

680. VILLARS (P.). Le monde pittoresque et monumental. L'Angleterre, l'Ecosse et l'Irlande. 4 cartes en couleur et 600 gravures. *Paris, Quantin, s. d.* In 4, dos et coins maroq. bleu, tête dor., non rog.

681. **VILLIERS DE L'ISLE-ADAM** (Cte de). **AKËDYSSÉRIL.** *Paris, De Brunhoff*, 1886. Grand in 8, br., non rog., couv. impr.

Exempl. en grand papier du japon (no 49). Portrait avant lettre, en héliogravure, superbe eau-forte de F. Rops tirée en 3 états : bleu et sanguine avant lettre et bistre avec lettre; en-tête et cul-de-lampe en deux états : noir dans le texte et sanguine hors texte.

682. VILLON (François). Œuvres. Publiées avec préface, notices, notes et glossaire par Paul Lacroix. *Paris, Librairie des bibliophiles*, 1877. Gr. in 8, dos et coins maroq. chaudron, tête dor., non rog., dos orné de petits fers. (*Smeers*).

Exempl. en grand papier whatman numéroté.

683. VIVIEN DE St MARTIN. Nouveau Dictionnaire de Géographie universelle, contenant : 1o la géographie physique ; 2o la géographie politique, etc., etc. *Paris, Hachette*, 1879-1895. En 7 vol. in 4, dos chagr., plats toile, tr. jasp.

684. VOGT (Carl). Les Mammifères. Edition française originale. Ouvrage illustré de 40 planches hors texte et 265 figures dessinées par Fréd. Specht et gravées sur bois sous sa direction. *Paris, G. Masson*, 1884. Grand in 4, br., non rog., couv. impr.

685. VOLTAIRE. La Pucelle d'Orléans. Poème en 21 chants. *Rouen, Lemonnyer*, 1880. 2 vol. in 8, maroq. bleu, compart. de filets à la Du Seuil, large dent. int., dos orné de fleurs de lys, tr. dor. sur marbrure *(Smeers)*.

Exemplaire en grand papier whatman (nº 89), portrait avant la lettre et vignettes par Duplessis-Bertaux.

686. VOLTAIRE (A. de). Romans de Voltaire, publiés avec une préface par Arsène Houssaye et 12 eaux-fortes par Laguillermie. *Paris, Jouaust*, 1878. 5 vol. in 12, maroq. rouge, 3 filets sur les plats, dos orné au petit fer, large dent. int., tr. dor. sur marbr. (*Smeers*).

687. VOLTAIRE. Le sottisier. Publié pour la 1re fois d'après une copie authentique, faite sur le manuscrit autographe... Avec une préface par L. Léouzon Le Duc. *Paris, Jouaust*, 1880. In 8, br., non rog., couv. impr. *Papier de hollande numéroté.*

688. VOLTAIRE. Œuvres. Avec notice, notes et variantes par F. Dillaye. Romans : tomes 1 et 2. *Paris, Lemerre*, 1877-1878. 2 vol. in 12, dos et coins maroq. vert., tête dor., non rog., dos orné de petits fers, couv. cons. (*Ch. Meunier*).

Papier de fil, avec portrait et eaux-fortes.

689. **VOLTAIRE. — ŒUVRES COMPLÈTES.** Edition avec notices. préfaces, variantes, etc. Enrichie des découvertes les plus récentes... et précédée de la vie de Voltaire par Condorcet. *Paris, Garnier*, 1883-1885. En 52 vol. in 8, br., non rog., couv. impr.

Grand papier de hollande numéroté, avec 1 portrait sur chine, avant lettre.
Edition Louis Moland.

690. **VOLTAIRE. — SUITES POUR ILLUSTRER LES ŒUVRES.** En feuilles.

1º Estampes destinées à orner les éditions de M. de Voltaire, dédiées à S. A. R. Mgr le Prince de Prusse, par M. Moreau, etc. *Paris, chez l'auteur. A. P. D. R.* 1784. Suite de 1 titre et 1 dédicace gravés, et 92 vignettes. Jolies épreuves in 8 de la 1re suite de Moreau, pour l'édition de Kehl.

2º Suite de 112 figures par J. M. Moreau et 31 portraits par A. St-Aubin. Belles épr. avec marges in 4, de la 2e suite de J. M. Moreau pour *l'édition de Renouard.*

3° 3 portraits et 70 figures de Desenne, gravés sur acier. Epr. in 8, *sur chine, avant la lettre.* Suite publiée en même temps que l'édition de Beuchot.

4° Suite de 1 portrait d'Agnès Sorel par Gaucher, et de 21 figures par Le Barbier, Marillier, Monnet et Monsiau, gravées par divers. Jolies épr. grand in 8, *avant la lettre*, pour *La Pucelle* (Edition Crapelet, an VIII).

5° La même suite avec le portrait de Jeanne d'Arc (avant la lettre) et les 21 figures tirées sur chine monté.

6° Suite de 150 gravures (dont 37 doubles), d'après les dessins de Staal, Philippoteaux, etc. Epr. sur chine monté, avant la lettre, publiées par Garnier frères pour l'édition Louis Moland. In 8.

7° Suite de 6 figures de J.-M. Moreau le Jeune, pour la Henriade. Edition in 4 de 1789 (1 fig. avec petites marges).

8° 23 portraits de Voltaire, de tous formats, épr. anciennes et modernes, avant la lettre ou avec la lettre, sur chine ou sur blanc (dont 2 dessins originaux).

9° 11 portraits de Louis XIV, de tous formats, épr. anc. ou mod., avant la lettre ou avec la lettre, sur chine ou sur blanc.

10° 88 portraits de personnages divers, pour illustrer les Œuvres, d'après Cochin, Saint-Aubin, Largillière, Maviez, Delvaux, de Meysse, Deveria, Desenne, etc., etc.; épr. anc. ou mod., avant lettre ou avec lettre, sur chine ou sur blanc.

Soit en tout 632 pièces, dont une bonne partie rare et intéressante.

NOTA. — Nous renvoyons les amateurs aux lots de portraits contenus dans les nos 519, 691, 692, 693, un grand nombre de ces pièces, que le temps ne nous a pas permis de classer, ayant été réunies par M. Arthur Noël spécialement pour illustrer les Œuvres de Voltaire.

691. PORTRAITS. Lot de 275 portraits, personnages célèbres, de tous formats, épr. anc. ou mod., sur chine ou sur blanc, eaux-fortes, avant lettre ou avec lettre, etc.

692. PORTRAITS. Lot de 211 portraits, personnages et écrivains célèbres. épr. anc. ou mod., noires ou coloriées, sur blanc ou sur chine, avant lettre ou avec lettre, etc.

693. PORTRAITS. Lot de 163 portraits de personnages célèbres, épr. modernes, avant lettre ou avec lettre, in 4.

694. VOYAGE de M. le Président de la République au Havre et dans les communes suburbaines, 17-22 avril 1895. *Le Havre*, 1895. In 4, br. dans l'emboit. spécial de l'édit.

Un des 100 ex. en grand papier du japon (n° 86).

Très intéressantes reproductions photogr. du voyage de **Félix-Faure** au Havre, et des fêtes qui y ont été données.

695. WALLON (H.). Jeanne d'Arc. Edition illustrée d'après les monuments de l'art depuis le XVe siècle jusqu'à nos jours. *Paris, F. Didot*, 1876. In 4, dos et coins maroq. rouge tête dor., non rog., dos orné (*Smeers*).

Exempl. en grand papier à la forme numéroté, avec 14 chromolithogr. et plus de 200 gavures sur bois, planches sur chine.

696. WALLON (H.). Saint Louis. *Tours, Mame*, 1878. In 4, dos et coins de maroq. rouge, tête dor., non rog., dos orné.

Un des exempl. en grand papier vergé (n° 152). Chromolithog. et planches tirées hors texte sur papier de chine.

697. **WITT** (Mme de, née Guizot). Les chroniqueurs de l'Histoire de France depuis les origines jusqu'au XVIe siècle. Ouvrage contenant 35 chromolithogr. et 1443 compositions tirées en noir. *Paris, Hachette*, 1883. 4 vol. in 4, en feuilles, dans les cartons de l'édit.

Un des 100 ex. en vélin de cuve (n° 67), planches sur chine.

698. WOLFF (Albert). Mémoires d'un Parisien. *Paris, Havard*, 1883-1886. 6 vol. in 12, br., non rog., couv. impr. *Grand papier de hollande.*

Voyages à travers le monde. — L'écume de Paris. — La Capitale de l'Art. — La Gloriole. — La gloire à Paris. — Albert Wolff. Histoire d'un chroniqueur parisien, par **Gust. Toudouze. Portrait.**

699. WOOLLETT (Henri). Pierrot amoureux. Poésie de H. Lefebvre. Suites de 5 dessins par G. Binet. *Paris, Chaix*, 1888. In 4, br. *Suite seule.*

Un des 5 ex. avec les lithogr. de G. Binet tirées sur papier de chine. Exemplaire B (M. Noël).

700. ZOLA (Emile). Nouveaux contes à Ninon. 1 frontis. et 30 compositions dessinés et gravés à l'eau-forte par Ed. Rudaux. *Paris, L. Conquet*, 1886. 2 vol. in 8, dos et coins maroq. bleu, genre Bradel, dos orné et mosaïqué, tête dor., non rog. (*Ch. Meunier*).

Papier vélin du Marais à la forme, numéroté.

701. **ZOLA** (Emile). **ŒUVRES.** *Paris, Fasquelle*, 1880-1899. En 15 vol. in 12 et 2 vol. in 8, br., non rog., couv. impr. **Papier de hollande numéroté.**

Editions originales de : Nana, — Pot bouille, — Au bonheur des dames, — La joie de vivre, — Germinal, — L'œuvre, — La terre, — Le rêve, — la Bête humaine, — l'Argent, — la Débâcle, — le Docteur Pascal, — Lourdes, — Rome, — Paris (*papier ordinaire, édit. originale*), — Fécondité, 2 vol. in 8.

LOTS DE BONS VOLUMES

Reliés ou Brochés

702. ALBUMS. Lot de 4 albums in 12 et in 4, carton toile. *Costumes en couleur, dessins humoristiques.*

Swedish national costume.. — *Cham.* 12 années comiques. 1,000 dessins. — *Bertall.* Les communeux de Paris, 1871. *Marcelin.* Album.

703. ALMANACH HACHETTE. Années 1894 à 1890 incluses. — Paris-Hachette, année 1898. *Paris, Hachette*, 1894-1900. En 8 vol. petit in 8, maroq. souple, tr. dor. (année 1894 cart.)

704. BEAUX-ARTS ET LITTÉRATURE. Lot de 9 vol., formats divers, cart. ou reliés. *Nombreuses gravures.*

M. Collignon. Mythologie figurée de la Grèce. — *Sainte-Beuve.* Chroniques parisiennes. 1843-1845. — *J. J. Bourassé.* Les Cathédrales de France. — Etc., etc.

705. BIBLIOPHILIE. Lot de 18 vol. formats divers, br. et cart. *Gravures.*

Uzanne (O.). Caprices d'un bibliophile. — *Almanach du Bibliophile.* Années 1898 et 1899. — *Exposition* du Cercle de la Librairie. 1880. — *Champfleury.* Histoire de la Caricature sous la Réforme et la Ligue. — *Guérard.* La France littéraire ou Dictionnaire bibliographique. Tome 12. — Etc., etc.

706. CATALOGUES DE VENTES CÉLÈBRES. Lot de 27 vol. (dont 4 de l'Année artistique), formats divers. *Nombreuses illustrations.*

Les Arts incohérents. — Collection J. Sicurin. Suites de vignettes, dessins et portraits, livres. (*Annoté des prix*). — Collection des Goncourt. 2 vol. (*avec prix marqués*). — Collection de Ch. Cousin. — Etc., etc.

707. CHERBULIEZ (V.). Œuvres. *Paris, Hachette*, 1878-90. En 17 vol. in 12, cart. toile, tr. jasp.

La revanche de Joseph Noirel. — La vocation du comte Ghislain. — La ferme du Choquard. — Amours fragiles. — L'aventure de Ladislas Bolski. — Meta Holdenis. — Le fiancé de Mlle Saint-Maur. — Etc., etc.

708. DICTIONNAIRE des Sciences philosophiques, par *Ad. Franck*. — Dictionnaire universel des littératures, par *G. Vapereau*. *Paris, Hachette*, 1875-1876. Ensemble 2 gros vol. in 4, dos chagr., plats toile, non rog.

709. DIVERS. Lot de 8 vol. in 4, avec nombreuses illustrations.

Les maîtres de la Caricature française au XIXe siècle. — *J. Verne*. L'Ile mystérieuse. (Br., dos cassé). — *Bertall*. La comédie de notre temps. 2e série. (Débroché). Etc., etc.

710. DIVERS. Lot de 8 vol. in 8, reliés dos chagr.

Renan. Souvenirs d'enfance et de jeunesse. (Edit. orig.). — Lettres de Madame Swetchine. 2 vol. — *Malvezin*. Michel de Montaigne, son origine, sa famille. — J. Levallois. Corneille inconnu. — Etc., etc.

711. EDITIONS TECHENER. Réunion de 10 vol. petit in 8, brochés ou rel. dos et coins de chagr., t. d. n. r.

Dessse de la Vallière. Réflexions sur la miséricorde de Dieu, 2 vol. — *Mazarin*. Histoire anecdotique de la jeunesse de Mazarin. — *Mme de Caylus*. Souvenirs. — *Ch. H. Baron de Gleichen*. Souvenirs. — *Saint-François de Sales*. Lettres. — *Bossuet*. Traité de la connoissance de Dieu. — *Ph. Boudon*. Mémoires. — *Bourdaloue*. Pensées sur divers sujets de religion et de morale.

712. HISTOIRE. Lot de 9 vol. in 8 et grand in 8, reliés. *Portraits et Gravures*.

E. Charvériat. Histoire de la guerre de Trente ans. 1618-1648. 2 vol., dos et coins maroq., tête dor., non rog., dos orné (*Smeers*). — *A. Baschet*. Le Roi chez la Reine, ou histoire secrète du mariage de Louis XIII. In 8, dos et coins chagr., tête dor., non rog. — *J. Claretie*. Camille Desmoulins, Lucile Desmoulins, etc. Grand in 8, dos et coins chagr., tête dor., non rog. — Mémoires de Fléchier sur les grands-jours tenus à Clermont, en 1665-1666. In 8, demi-veau, etc., etc.

713. HISTOIRE. Lot de 10 vol. in 8 br.

Baron de Hübner. A travers l'empire britannique, 2 vol. — *Général Cousin de Mautauban*. Un ministère de la guerre de 24 jours. — *L. Blanc*. Histoire de 10 ans, 5 vol. — *Baron R. M. de Klinckowström*. Le comte de Persen et la cour de France, 2 vol.

714\. HUGO (Victor). Lot de 7 vol. in 8, br. ou reliés dos et coins maroq., tête dor., non rog.

Victor Hugo intime, par Alf. Asseline. — Histoire d'un crime. 2 vol. reliés. — Torquemada. — Victor Hugo raconté. 2 vol., etc.

715\. LITTÉRATURE. Lot de 7 vol. in 12, dos et coins chagr., tête dor., non rog. *Figures.*

Tabarin. Œuvres complètes, avec les rencontres, etc. 2 vol. — *d'Heilly (G.).* Dictionnaire des pseudonymes. — *Grazzini.* Contes traduits de l'italien. 2 vol. — *Abbé de Choisy.* Mémoires pour servir à l'histoire de Louis XIV. 2 vol.

716\. LOT. 8 vol. divers, in 8, br. *Illustrations.*

J. Claretie. Un enlèvement au XVIIIe siècle. — *Vadé.* La pipe cassée. — *Ed. Fournier.* Histoire des enseignes de Paris. — *V. Fournel.* Les rues du Vieux Paris., etc., etc.

717\. LOT. 18 vol. divers, in 12 et in 8, br.

Jean de la Taille. Œuvres, tomes 1, 2 et 4. 3 vol. — *Gouffé.* Le livre des soupes et des potages. — *Petit Bottin* des lettres et des arts. — *Alf. Franklin.* La vie privée d'autrefois, tomes 1 et 4, 2 vol. — *Ch. Monselet.* Portraits après décès, etc., etc.

718\. LOT. 6 vol. in 8, divers, br. et 1 vol. bas. *Illustrations.*

Châtillon-Plessis. La vie à table à la fin du XIXe siècle. — *le R. P. Didon.* Les Allemands. (Edit. orig.). — *Marseille.* Recueil de 5 pièces diverses sur l'épidémie de peste, de 1720 à 1722. — Le livre de *Marco Polo,* citoyen de Venise, conseiller privé et commissaire impérial de Khoubilaï-Khaân. 2 vol. — *G. Vapereau.* Dictionnaire universel des Contemporains.

719\. LOT de 6 vol. divers rel. parchemin et veau, formats divers. *Gravures.*

Histoire. Recueil de diverses pièces servans à l'histoire de Henri III. — *Alcoran de Mahomet.* — *P. Charron.* De la sagesse. — *Lucrèce,* de la nature des choses, 2 vol. — *A. Thevet.* Portraits et vies des hommes illustres grecs, latins et payens. (rel. détériorée.)

720\. LOT de 6 vol. in 12, br.

J. Lemaitre. Les rois. — *P. Margueritte.* La mouche. — *Poultney-Bigelow.* Au pays des Boers, etc.

721\. LOT de 3 ouvrages divers in 4 en fasc. br. *Nombreuses vues et reproductions.*

W. Beattie. La Suisse pittoresque. 27 fasc. — *Exposition de 1889.* Livre d'or de l'exposition. 35 fasc. — *Musée historique de Versailles.* 76 fasc.

722. LOT de 211 gravures anc. ou mod., de tous formats, épr. sur chine ou sur blanc, avant lettre ou avec lettre, pour : Emaux de Petitot, Voltaire, Scott, Chateaubriand, etc.

723. MÉMOIRES ET SOUVENIRS. Lot de 9 vol. in 8, br. *Illustrations.*

F. Febvre. Journal d'un comédien. 2 vol. — *Journal* de Marie-Thérèse de France, duchesse d'Angoulême. — *E. Legouvé.* Soixante ans de souvenirs. 2 vol. — *Mme O. Feuillet.* Souvenirs et correspondances. — Quelques années de ma vie. — *F. de Lesseps.* Souvenirs de 40 ans. 2 vol.

724. MÉMOIRES ET SOUVENIRS. *Paris, Divers.* 21 vol. in 12 et in 8, br.

La mort de Louis XIV. Journal des Anthoine. (Pap. de holl., frontisp.). — *Chirac (A).* L'agiotage sous la 3e République. 1870-1887. 2 vol. — *Orllie-Antoine Ier*, roi d'Araucanie et de Patagonie. Son avènement au trône et sa captivité au Chili. — *A. de Pontmartin.* Souvenirs d'un vieux critique. 10 séries en 10 vol. — Etc., etc.

725. MÉMOIRES ET SOUVENIRS. *Paris, Charpentier, Lecène et Oudin*, 1882-96. 13 vol. in 12, br.

G. Flaubert. Lettres à George Sand, 1 vol. — Correspondance. 1 vol. — *Ed. de Goncourt.* La Faustin, 1 vol. — Lettres, 1 vol., portrait. — Journal des Goncourt, tomes 5 à 9 compris. 5 vol. — Etc., etc.

726. MÉMOIRES ET SOUVENIRS. *Paris, Divers*, 1877-1885. 9 vol. in 8, br.

Stern (Daniel). Mes Souvenirs. 1806-1833. — *Eug. Noël.* J. Michelet et ses enfants. — *A. Houssaye.* Les Confessions. Souvenirs d'un demi-siècle. 1830-1880. 4 vol. Portrait. — *St Simon.* Papiers inédits du Duc de St Simon. Lettres et dépêches sur l'Ambassade d'Espagne. — *Mérimée (Pr.).* Lettres à M. Panizzi. 1850-1870. 2 vol. *Portraits.*

727. MÉMOIRES ET SOUVENIRS. *Paris, Divers.* 18 vol. in 12, br.

Taine. Notes sur l'Angleterre. *Edit. orig.* — *Louise Michel.* Mémoires écrits par elle-même. Tome 1. — *E. M. de Vogüé.* Scènes de la vie parlementaire. Les morts qui parlent. — *J. Simon et G. Simon.* La femme du xxe siècle. — *Csse St. Tascher de Pagerie.* Mon séjour aux Tuileries. 1852-1871. 3 vol. — *Hercé.* Un anglais à Paris. Notes et souvenirs 1835-1871. 2 vol. Etc., etc.

728. MÉRAY (Antony). La vie au temps des Trouvères. 1 vol. — La vie au temps des Cours d'Amour. 1 vol. *Paris, Claudin*, 1873-76. 2 vol., dos et coins veau, tête dor., non rog. — **Le R. P. Desmarets**. Histoire de Madeleine Bavent, religieuse du monastère de St-Louis de Louviers. *Rouen, Lemonnyer*, 1878. 1 vol. dos et coins maroq., dos orné, tête dor., non rog. (*Smeers*). Figures. — Ensemble 3 vol. in 8.

729. NORMANDIE. Lot de 25 br. petit in 8.

G. Mauconduit. Histoire de Bolbec. *M. Taconet*. L'aurore des temps nouveaux. — *A. Martin*. Notice historique sur Sanvic.— Les anciennes communautés d'arts et métiers du Havre. — *L. Braquehais*. Histoire de Bléville. — *L. de Bouteville*. Le cidre. — *Ch. Rœssler*. Etude sur l'abbé Cochet. Etc., etc.

730. NORMANDIE. Lot de 18 br. in 8. *Gravures*.

E. Tegner. Frithjof et Ingeborg. — *C. Delavigne*. 7 Messéniennes nouvelles. — *J. Bunel*. Géographie du département de la Seine-Inf^{re}. — *E. Souchières*. Les arts rétrospectifs au Palais des Consuls. — *Havre*. Catalogue de la bibliothèque, 2 vol. — *L. Baudry*. La famille Bronne à Rouen. — *L. Laforge*. Etude historique sur le seigneur R. de Beaumanoir. Etc., etc.

731. NORMANDIE. Lot de 4 vol. in 12 et in 8, rel. Gravures.

Traité sur les droits des filles en Normandie.— *Ch. Le Goffic*. Morceaux choisis des écrivains havrais.—*E. Dumont*. L'abbaye de Montivilliers. — *A. Le Roy*. Le Havre et la Seine-Inférieure pendant la guerre de 1870.

732. POÉSIES. *Paris, Divers*. 17 vol. in 12 et in-8, br. *Gravures*.

L. Festeau. Chansons nouvelles. — Les Egrillardes, chansons nouvelles. — Chansons et musique. — etc., etc.

733. ROMANS. *Paris, Divers*. 20 vol. in 12, br. *Gravures*.

G. Courteline. Boubouroche. — Les gaités de l'escadron. — Un client sérieux. — *O. Audouard*. Silhouettes parisiennes. — *Les gaités du Chat Noir*. — *P. Eudel*. Le truquage. — etc., etc.

734. ROMANS. *Paris, Divers*, 1883-1901. 16 vol. in 12, br.

P. Margueritte. Simple histoire. — *H. Rochefort*. Les aventures de ma vie, tome 3, 4, 5. 3 vol. — *H. Le Roux*. Les amants byzantins. — Le fils à papa. — *J. Ph. Heuzey*. Les actes de Diotime. — etc., etc.

735. ROMANS. *Paris, Divers*, 1891-99. 14 vol. in 12, br.

A. France. La rotisserie de la reine Pédauque, 1 vol. — Le lys rouge, 1 vol. — Les opinions de M. Jérome Coignard, 1 vol. — *J. Péladan.* La Gynandre, 1 vol. — *P. Loti.* Le livre de la pitié et de la mort, 1 vol. — Le désert, 1 vol. — etc., etc.

736. ROMANS. *Paris, Ollendorff, Flammarion, Perrin*, 1881-1900. 12 vol. in 12, br.

G. de Maupassant. Le colporteur. 1 vol. — *A. Daudet.* La petite paroisse. 1 vol. — *G. Réval.* Les Sévriennes. — *M. Colombier.* Les voyages de Sarah Bernhardt en Amérique. 1 vol. — Mémoires. Fin d'Empire, 3 vol., etc., etc.

737. SCIENCES DIVERSES. Lot de 15 vol., formats divers, br. et reliés. *Figures.*

Colombié (A.). 100 Entremets. — Le livre de la salle à manger et de l'office. — *André Louis.* La cuisine des malades et des convalescents. — *O. Masselin.* Dictionnaire de formules raisonnées, ou modèles d'actes, etc. — *Ch. Letourneau.* La Biologie, etc., etc.

738. THÉATRE. *Paris, Divers*, 1888-95. 13 vol. in 12, br.

Meilhac et Halévy. Théâtre, tomes 2 et 3. 2 vol. — *Dumas fils.* Théâtre, tomes 1, 2, 3, 4, 6. 5 vol. — *H. Becque.* Théâtre complet. 2 vol. — *H. Becque.* Souvenirs d'un auteur dramatique. 1 vol. — *J. Lemaître.* Impressions de théâtre. 3 vol.

739. THÉATRE. *Paris, Quantin*, 1884. 3 vol. in 12, br., non rog., couv. *Papier vergé.*

Beaumarchais. Le Barbier de Séville. 5 eaux-fortes de Valton. — Le Mariage de Figaro. 5 eaux-fortes de Valton. — *Le Sage.* Turcaret. 5 dessins de Valton gravés par Ganjean.

740. THÉATRE. Chefs-d'œuvre des auteurs comiques. Scarron, Montfleury, La Fontaine, Boursault, Dancourt, Le Sage, d'Allainval, Destouches, Marivaux, Piron, Gresset, Favart, etc., etc. *Paris, F. Didot.* 8 vol. in 12, br.

741. THÉATRE. *Paris, Divers.* 28 vol. et broch. in 8 et in 12, br.

J. N. Du Tralage. Notes et documents sur l'histoire des Théâtres de Paris au XVIIe siècle. (Papier vergé n° 88). — *Th. S. Gueulette.* Arlequin-Pluton. Comédie inédite en 3 actes (1719). (Papier de holl. numéroté, eau-forte). — Les fausses envies. Parade inédite. 1740. (Papier de holl. numéroté, eau-forte). —

Mémoires de Samson, de la Comédie Française. (Portrait). — *F. Coppée.* Severo Torelli. Drame. — *A. Dumas fils.* Francillon. (Edit. orig.). — *E. Renan.* L'Abbesse de Jouarre. Drame (Edit. orig.). — Etc. etc.

742. VOYAGES. Lot de 8 vol. grand in 8 et in 4, cart., reliés et br. *Illustrations et cartes.*

Hepworth Dixon. La Conquête blanche. — *Livingstone (D. et Ch.).* Explorations du Zambèze et de ses affluents. 1858-1864. — *Hélène (M.)* Les nouvelles routes du globe. — Etc., etc.

743. VOYAGES. Lot de 7 vol. in 4, br. Illustrations.

G. Jaime. De Koulikoro à Tombouctou. — *Dick de Lonlay.* Au Tonkin. Récits anecdotiques. *P. Savorgnan de Brazza.* Conférences et lettres sur ses trois explorations dans l'ouest africain. — *P. Du Chaillu.* Un hiver en Laponie. — Le pays du soleil de minuit. — *H. M. Stanley.* Cinq années au Congo. — *V. Tissot.* La Hongrie.

744. VOYAGES. Lot de 8 vol. in 12, dos et coins veau ou dos et coins chagr., tête dor., non rog. *Cartes et figures.*

Bon de Hübner. Promenade autour du monde. 1871. 2 vol. — *Beauvoir (Cte de).* Voyage autour du monde. Java, Siam, Canton. 1 vol. — Australie. 1 vol. — Pékin, Yeddo, San Francisco. 1 vol. — *L. Simonin.* Le monde américain. — Etc., etc.

745. **VOYAGES.** — *Paris, Hachette, Plon, Nourrit,* 1874-1900. 13 vol. in 12, br. *Gravures.*

H. Taine. Voyage en Italie, 2 vol. — *Cte R. de Dalmas.* Les Japonais. Leur pays et leurs mœurs, 1 vol. — *Ch. Lenthéric.* La Grèce et l'Orient en Provence, 1 vol. — *E. Cavaglion.* 254 jours autour du monde, 1 vol. — Etc., etc.

746. **VOYAGES.** — *Paris, Divers.* 14 vol. in 12, br.

Ed. de Perrodil. A vol de vélo, 1 vol. — *G. Bonvalot.* L'Asie inconnue, 1 vol. — *L. Cléry.* De Paris à Lahoré, 1 vol. — *F. Lecomte.* Voyage pratique au Japon, 1 vol. — Etc., etc.

747. **VOYAGES.** — Lot de 7 vol, in 4 et in 8 br. *Vues en couleur, gravures.*

J. Steinmann. Souvenirs de Rio de Janeiro. — *Tamenaga Shounsoui.* Les fidèles Rouins. — *P. Ginisty.* De Paris au Cap Nord. — *O. Lenz.* Tombouctou. — Etc., etc.

BULLETIN DE COMMISSION

M[1] ....

(2) ....

....

....

prie **M. J. GONFREVILLE,** *libraire, de lui acheter aux enchères, au mieux et jusqu'à concurrence des prix indiqués, les ouvrages ci-dessous de la vente de M. Arthur Noël.*

Imp. du journal LE HAVRE.

N° des Ouvrages	**TITRE** (le premier mot suffit)	**PRIX** à ne pas dépasser frais non compris

(1) Nom.
(2) Adresse (bien lisible).

Ce bulletin doit être affranchi comme LETTRE.

N° des Ouvrages	**TITRE** (le premier mot suffit)	**PRIX** à ne pas dépasser frais non compris

MOBILIER

DE

BIBLIOTHÈQUE

EN

PITCHPIN VERNI, TRÈS SOIGNÉ

COMPOSÉ DE

3 Bibliothèques à deux corps, les 6 [illegible] ux du haut vitrés, les panneaux d'en bas p' [illegible] olette et tiroirs au milieu. *Longueur 2 m 90 su* [illegible] *30 de hauteur ;*

1 Bibliothèque à 3 portes vitrées. Long. 2m75 sur 2m30 de haut. ;

1 Grande Table-Bureau, recouverte de cuir ;

1 Petit Meuble à porte supportant une presse à copier ;

1 Fauteuil de Bureau, en acajou et recouvert en cuir.

www.ingramcontent.com/pod-product-compliance
Ingram Content Group UK Ltd.
Pitfield, Milton Keynes, MK11 3LW, UK
UKHW020318180726
13839UKWH00001B/488

9 782329 522043